浙水遗韵

水印嘉兴

《浙水遗韵》编委会 编

杭州出版社

图书在版编目（CIP）数据

水印嘉兴 / 《浙水遗韵》编委会编 . -- 杭州 ： 杭州出版社， 2022.12（2023.6 重印）

（浙水遗韵）

ISBN 978-7-5565-1955-2

Ⅰ . ①水… Ⅱ . ①浙… Ⅲ . ①水－文化遗产－介绍－嘉兴②水利工程－文化遗产－介绍－嘉兴 Ⅳ . ① K928.4② K878.4

中国版本图书馆 CIP 数据核字（2022）第 229137 号

水印嘉兴

Shuiyin Jiaxing

《浙水遗韵》编委会　编

责任编辑　王妍丹

装帧设计　屈皓　王立超　蔡海东

美术编辑　倪欣

责任校对　陈铭杰

责任印务　王立超

出版发行　杭州出版社（杭州市西湖文化广场 32 号 6 楼）

电话：0571-87997719　邮政编码：310014

网址：www.hzcbs.com

印　刷　浙江国广彩印有限公司

经　销　新华书店

开　本　710mm×1000mm　1/16

印　张　18.5

字　数　293 千字

版　次　2022 年 12 月第 1 版　2023 年 6 月第 2 次印刷

书　号　ISBN 978-7-5565-1955-2

定　价　98.00 元

总序

一

鸿蒙上古，洪水肆虐；海晏河清，安澜浙江。

穿越时空，谁能证明那些被折叠在山水尘土中的沧海桑田？穿透岁月，谁能唤醒那些活跃在绚烂长河中的生命伸张？带着问题，一场特别的文化巡礼拉开帷幕。当时的一座坝，现在的一个谜，一些润物耕心的洗练，一切高岸深谷的变迁，都成了这场水文化之旅中的奇妙体验。

浙水文化起源自先民对水的最早认识和适应，嬗变在碰撞中发生，也在融合中沉淀。上山遗址出土的炭化稻米遗存，照射出一万年前水与稻作农业的交融。跨湖桥遗址保存的独木舟，荡起了八千年前向水而生的文明涟漪。河姆渡遗址的水井和干栏式建筑遗迹，见证了早期聚落取水、避水的杰出创造。良渚古城遗址的外围水利系统，奠定了五千年前良渚文明的兴起。

如果说浙江早期文明是点点繁星，那么由于水的涵养滋润，繁星最终汇成了壮丽天河。在这些星辰浩渺的水文化碎片中，我们见到了一个又一个历史的细节，看到了我们祖先逐渐铿锵的文明步伐。

人称东南形胜的浙江，并非自古繁华，今日之繁荣很大一部分得益于水利建设的发展与完善。在历代的治水实践中，人们抵御洪潮侵袭，大兴蓄灌引排之利，变斥卤不毛之地为桑田粮仓，不断捍卫生存家园、拓展发展空间，使浙江逐步成为宜产、宜业、宜居、宜游、宜学的民丰物阜之地、山川秀丽之境、文明礼仪之乡。

二

孜孜不倦，久盛长兴。如今，浙水遗韵，绵延于山海之间，回荡在浙江大地之上。

西湖的疏浚，不仅保留了淡妆浓抹总相宜的湖光山色，更可灌溉周边千亩良田，哺育出钱塘繁华，"参差十万人家"。鉴湖的开浚，一度使山会平原"无荒废之田，无水旱之岁"。溇港体系的建成，使太湖南沿沼泽上松软的涂泥成为适宜耕种的沃土，从此"山从天目成群出，水傍太湖分港流"，桑基鱼塘、丝绸之府、鱼米之乡成为湖州名片。白沙溪三十六堰、姜席堰的修筑，使得金衢盆地"每岁禾田无旱日，此乡农事有余秋"，成为浙中粮仓。通济堰、松阴溪古堰群的兴建，成就了碧湖平原和松古平原的殷实富饶。它山堰的兴建，灌田数千顷，使鄞西平原成为浙东重要产粮区，"一朝堰此水，千载粒吾民"。

始建于东汉的东苕溪西险大塘，经历代增筑，昂然屹立一千八百余年，是杭州城和杭嘉湖平原的重要防洪屏障。古处州、严州、衢州、临海、兰溪等地的防洪城墙，守护着临河古城的市井繁华。钱塘江海塘的兴修，使两岸杭嘉湖平原和萧绍平原免于咸潮侵害，成就了"苏湖熟，天下足"的经济格局。唐时"当今赋出天下，而江南居十九"，明代"浙东西又居江南十九"。清代乾隆帝六次南巡，四次亲巡海塘一线，足见海塘所系已不只是浙江，更是牵动整个国家的经济命脉。

慈溪、余姚等地历史上不断向外拓展的一道道海堤，将荒滩盐场变为农田桑麻之地，使得"从兹疆场水莫安，黍稷桑麻应郁然"。三江闸的兴建，集挡潮、蓄淡、排涝诸功能于一身，重整了河口灌排水系，使鉴湖湮废后的萧绍平原得以复兴。椒江河口右岸在千百年里以层层外推的十多条海塘，演绎着向海而生的勇毅。金清闸、新金清闸、金清新闸的迭代演进，八百年间蓄淡、御咸、排涝，成就了温黄平原的繁盛。

京杭运河和浙东运河的凿通，为商贾繁盛提供了舟楫之便，促成了杭州区域中心城市的崛起。温瑞塘河打通了东瓯动脉，促进内外物资、文化的交流，成就了温州山水人文城市的佳话。沿衢江、新安江、瓯江、甬江等水系及各支流星罗棋布的古埠渡口和码头，转运着人员物产，激荡着时代风云，思想、风气往往得天下之先，浙江商帮由此走向全国，走出海外。

遍布于浙江山区、平原、海岛的近六千处古井，解决了人们日常饮食起居的水源供应。看似原始简单的水井，有效地支撑了人们向艰苦环境的拓殖，支撑起各地乡村、城市的发展与繁华。

三

跃动于灵感之上，传承着古人治水的智慧与思想。它山堰、通济堰等巧妙的堰底倾角与拱形设计，龙游"南堰北塘"的格局体系，得益于治水技艺的传承与创新，古老的工程历经沧桑仍发挥效用。龙现梯田十三闸分流引水，蜀墅塘的三枧九圳分水体系，科学合理的水事制度，有力保证了农业生产，也维护了社会稳定。这些智慧的灵光记载于卷帙浩繁的水利文献典籍、丰富广布的石刻碑记之上，启迪着后人。

洋溢于点滴之中，塑造着浙江的气质禀赋和精神风貌。由水衍生出的民俗仪式和神话传说，寄托了人们对生活的美好向往：分布广泛的"大禹庙"，表达了人们对治水英雄的纪念；踏塘、祭潮的民间仪式，象征着人们对风调雨顺、河清海晏的珍视；流传广泛的防风治水、钱王射潮传说，反映了艰苦卓绝的治水历程，颂扬了不屈不挠的奋斗精神。正是有了山清水秀、江河安澜，才有了生活的诗意，有了乐山乐水的闲暇与浪漫。

从水利工程到技术制度、从民俗仪式到神话传说，从物质到精神的一切，携带着历史的、科学的、艺术的、文化的基因，成就了璀璨夺目的浙江水文化宝库。浙江省水利厅于2021年组织开展了全省重要水文化遗产调查。历时两年，各县（区、市）调查团队遍检群籍、查阅史料，翻山涉河、深入现场，不辞辛苦整编成果，筛选出全省水文化遗产10000余项，其中5200余项纳入"浙江水文化"数字平台。我们从中精心选录800余项按11个地市编纂成书，以飨读者。有诗画杭州、清丽湖州、水印嘉兴交织出的如画诗境，有源起衢州、水墨金华、山川丽水描绘出的绝代风华，有理水绍兴、安澜宁波、水定舟山传颂着趋利避害的治理传奇，有潮起台州、平水温州咏唱着催人奋进的山海长歌。

这些水文化遗产带着特定环境与时代的烙印，是跨越了时间的宝贵财富。当水流翻过古老的堰坝，当江潮拍打鱼鳞石塘，当余晖映红运河水道，当大禹祭典的钟鼓震颤长空，我们仍能感到迎面拂来的那阵暖风，吹来的是未泯的典范和当下的星空，还有无数个我们未完待续的如水诗篇。

目录

嘉水安澜

水韵遗珠

嘉禾遗韵

过嘉兴 〔元〕萨都剌

三山云海几千里，十幅蒲帆挂烟水。

吴中过客莫思家，江南画船如屋里。

芦芽短短穿碧沙，船头鲤鱼吹浪花。

吴姬荡桨入城去，细雨小寒生绿纱。

我歌水调无人续，江上月凉吹紫竹。

春风一曲鹧鸪吟，花落莺啼满城绿。

水印嘉兴

　　嘉兴市位于杭州湾北岸、太湖东南部平原中心，东临大海，南倚钱塘江，北负太湖，西接天目苕、雪，江海湖河交会，是一座水的城市。广阔的海域海潮奔涌，波涛万顷，直通太平洋。坦荡无垠的内陆平原河网纵横，港汊交织，湖荡棋布，185 条骨干河流和总长 1.225 万千米的河道，串起 119 个大小湖荡，水域面积 360 平方千米，水面率 8.9%。乍浦港巨轮竞发，通往五洲四海；

嘉兴府境全图

大运河百舸争流，不舍昼夜；航道网舟船如鲫，四通八达，是全国高水面率地区之一。更兼有碧波泓净的港汊精巧灵秀，烟波浩渺的湖荡苍茫迷蒙，幽静淡雅的塘池水天一色，水乡泽国秀丽景色宛如天堂。

—

水是嘉兴的荣耀。"江南三大名湖"南湖的湖光水色中，曾点燃起一抹星星之火，瞬时间顿成燎原烈火，燃透整个神州大地。平静的水面上，小小的红船似乎轻轻荡漾，却酝酿着开天辟地的历史巨变，诞生了伟大的中国共产党。从南湖起航的红船，迎着汪洋狂涛劈波斩浪，壮大成红色巨轮，引领着中国，引领着时代。南湖水从此成为中国革命洪流的源头，将红色基因渗透到中国的每一个角落。

水是嘉兴的名片。早在春秋战国时开凿的百尺渎，

闻道南湖曲，芙蓉似锦张。
如何一夜雨，空见水茫茫。
——苏东坡

是中国大运河最早的源头之一，"百尺渎，奏江，吴以达粮"，从此在嘉兴足足奔流了两千多年，从未断航，并构建起纵横交错、四通八达的航道网：两百多条定级航道，约2000千米的通航里程，航道率、通航里程和通航时间均为全国之最。古代，千年运河承载着事关历朝历代兴亡的漕运重任，现如今黄金水道，仍源源不断地运送国计民生的各种物资，为现代化大厦的奠基运石送砂，为中国特色社会主义建设输送能源。运河水是嘉兴最靓丽的名片。

水也是嘉兴的品牌。杭州湾特殊的地形在钱塘江口形成举世闻名的海宁潮，潮势汹涌，如万马奔腾、排山倒海，不仅是世界上潮差最大的强涌潮，而且以交叉潮、一线潮、回头潮和怪潮等"壮观天下无"，每年都吸引数以百万计的游客前来观潮，令人叹为观止。强涌潮固然壮观，但也时常造成巨大灾难。千百年来，杭州湾北岸

南湖

的嘉兴人民始终与强潮、巨浪、飓风、狂涛顽强搏斗，百折不挠地修建海塘，建造起御潮挡浪、抗风抵涛的"海上长城"，永保安澜，造福人民。钱江潮水也成为"勤善和美，勇猛精进"嘉兴人文精神的品牌象征。

二

嘉兴因水而生。大约在距今 15000 年到 6000 年间的最后一次武木冰川末期，沧海桑田的地壳运动以及东海潮汐和长江、钱塘江江流的共同作用，造就了这一马平川的广袤平原，以纵横交错的河道水流串起星罗棋布的湖荡塘池，形成蓝天和碧水交相辉映、沃土与风光相得益彰的水乡泽国，犹如镶嵌在太湖东南平原上的璀璨明珠。

嘉兴因水而兴。从 7000 年前新石器时代前期的马家浜文化时期起，繁衍、生息在这块土地上的先民们便开始了水事活动。7000 多年栉风沐雨的辛勤劳作，与惊涛骇浪的殊死搏斗以及无数天灾人祸的磨砺，硬是把一片蛮荒湖沼，逐渐发展成"生齿繁而财货阜，为浙西最"，不仅水利事业取得无数丰功伟绩，创造了诸多历史和世

南湖揽晴（凌大纶画）

界奇迹，而且积淀了历史悠久、底蕴深厚、内涵丰富、博大精深、绚丽多彩的水文化遗产。

桐乡罗家角遗址出土的稻谷和独木舟遗骸表明，7000多年前，嘉兴先民们已经人工引水栽培水稻，并且驾驶着独木舟出入水上，运送稻谷等物。距嘉兴不远的草鞋山遗址，有着马家浜时期的稻田与沟渠。嘉善县新港有着良渚时期的木筒水井遗迹，距今约5250—4150年。

春秋战国时期，吴国先后在今嘉兴市域开凿百尺渎、胥浦，其中胥浦从长泖接界泾，西连太湖，东通大海，即今伍子塘。秦始皇开陵水道，通浙江。"秦始皇造道陵南，可通陵道到由拳塞，同起马塘，湛以为陂，治陵水道到钱塘，越地，通浙江。"俗称秦河，即今上塘河。西汉时，沿太湖东缘沼泽地带开河百里，即今苏州塘。南朝宋元嘉年间（424—453），扬州刺史始兴王刘濬开凿华亭塘，即今嘉善塘。唐代，结合治水营田，开通杭州塘。五代时，拓浚澜溪塘。从而构建起以杭州塘、苏州塘以及上塘河、澜溪塘为主干的纵横交错、四通八达的运河网，连接钱塘江、太湖、长江、淮河、黄河及海河六大水系，北达中原乃至燕赵，南通八闽以及湖广，而且其通畅的航道，繁忙的航运千年未变。

从马家浜时期的"火耕水耨"起步，水土开发步伐不停。东汉时，孙权令陆逊为海昌屯田都尉兼领县事，率部曲两千余人，在今海宁一带屯田，"屯营栉比，廨署棋布"，并劝督农桑。相传，坐落在海宁路仲村的秋水庵便是当年陆逊屯田的营址。西晋建武元年（304），高使君领兵三千在嘉兴屯田。唐广德年间（763—764），浙西观察都团练使御史中丞兼吴郡守李栖筠委派大理评事朱自勉在嘉兴大规模屯田，创用"畎距于沟，浚沟距川"之法，旱能灌，涝可泄，构成通畅水系，农田面积大量扩大，水利广泛开发，有了"嘉禾在全吴之壤最腴，故嘉禾一穰，江淮为之康，嘉禾一歉，江淮为之俭"的名言，嘉兴从此成为全国知名的农业区。五代时，吴越国王钱镠置都水营田使，募卒为部，创设撩浅军，治河筑堤，并开塘浚浦，构建周密贯通的塘浦圩田系统，把嘉兴低洼泥泞、潦水四溢的卑湿湖沼之地逐渐改造成沟渠纵横、阡陌相连、桑禾相蔽的殷阜之区，成为"境内丰阜""桑麻遍野""岁多丰稔"的鱼米之乡、丝绸之府，名扬天下。遗留至今的桑基圩田仍见证着当年开创的田、地、水交错分布，"旱地栽桑、水田种粮、湖荡养鱼"的立体结构以及"河、塘、湖泥肥田、田泥护桑"的农田水土保护循环链。

在治水中探索、创造，水工科技屡攀高峰。开河凿渠，引水灌溉，利于航运，并且修堰筑埭，设置斗门、竹笕，调节水流、水位，与时俱进的水工技术不断创新。五代时构建的塘浦圩田，五至七里一纵浦，又五至七里一横塘，纵浦通江，横塘分水，塘浦纵横成网，"旱则运水种田，涝则引水出田"，圩岸隔水围田，圩圩环水，水水相通，高低相承，排灌得宜，水运便捷，达到古代农田水利技术的峰巅。北宋天圣年间（1023—1031）修建的长安闸以其两澳三闸，既实现了水位落差达 2 米多的河流通航，又成功地解决了水源不足的困难，是世界上最早的复式船闸，遥遥领先于国际先进水平，比号称世界上最早的复闸——荷兰运河复闸（1373）足足早了 300 多年。从三国时开始创建的钱江海塘，经过 1000 多年的探索、改进和创新，创筑成五纵五横的鱼鳞石塘，足以抗御强潮狂浪和飓风，成为"海上长城"，堪称世界奇迹。

嘉兴因水而美。湖光水色浑然天成，无不称绝：南

嘉兴府属水道总图

湖"轻烟拂渚，微风欲来"，尤其是春夏之际阴雨时分，天下细雨迷蒙，湖上烟霭似纱，宛若仙境，逆水行舟犹如腾云驾雾，凌空穿行，飘飘欲仙，情趣无限；汾湖水深清澈，晶莹透亮，晴日里，空气清新，视野宽广，放眼眺望，碧波荡漾，波光粼粼，令人心旷神怡；湘家荡一泓碧水平静如镜，春天映着桃红柳绿、禾苗青青、油菜金黄，秋日飘荡着五谷登丰的浓郁芬芳，古朴宁静，不施粉黛；当湖水汇九川，湖墩碧水相环，绿树成荫，环境幽静，风景殊丽；南北湖则融湖、海、山为一体，以"山为屏障海为境，湖光秀色自天成"的天然质朴、横生野趣，保留了江南的一片真山水。此外，典雅精致、玲珑多姿的园林建筑几乎遍及嘉兴。据清《光绪嘉兴府志》载，仅南湖之畔，"宋尚书潘师旦园在澂湖滨，中有南坞、海棠亭、白莲沼、桃花亭、红薇径、茶溪、仙鹤亭、芙蓉塘、白苎桥……"；高氏圃，旧志载中钱元璙筑楼台处，风景幽美，"市楼水阁，依趁南湖，势如弯月"；勺园，明崇祯年间权臣吴昌时所建的别墅，建筑精美，布置奢华……虽然这些园林大多已毁废，但还存有西园、范蠡湖、揽秀园、曝书亭、小蓬莱、瓶山等，均各有特色，风景绮丽。

自古以来，嘉兴人饮水而活，傍水而居，驭水而行，形成诸多独特的生活习俗、生产习俗、航行习俗、信仰和神祇，成为独具一格、富有特色的民俗水文化。而在兴水利，除水患中，辛勤劳作的人们不仅喊出了塘工号子、车水号子，唱出了南湖菱歌、嘉善田歌，并且踏白船、攀高杆、开水会（网船会、蚕花水会），还创作出无数美丽的传说、动人的故事，民间水文化艺术绚丽多彩。

水更吸引着无数诗人骚客、文人雅士和画家，或高歌吟诵，或低酌浅唱，或挥毫泼墨，或精雕细描，从而留下了无数宏文诗篇，隽永画卷，成为难得的艺术珍品和瑰宝。宋代诗人陆蒙老作《嘉禾八咏诗》，所咏月波楼、披云阁、金鱼池、宣公桥、五柳桥、会景亭、苏小小墓、羞墓等嘉禾八景，水乡风情尽占其六。元代大画家吴镇有画作《嘉禾八景图》，每景都作词题赞，其中城中的五景均是水上风光，即龙潭暮云、鸳湖春晓、春波烟雨、月波秋霁、三闸奔湍。明代又有"嘉禾十景"之说，即嘉禾献瑞、秀水扬辉、滮湖春日、鸳湖秋月、芷村烟雨、真如雪霁、景德晨钟、华严夜灯、长水飞帆、双溪夕照，依然大多以水取胜。清末嘉兴知府许瑶光重题"嘉禾八景"——南湖烟雨、东塔朝墩、茶禅夕照、杉闸风帆、汉塘春桑、禾墩秋稼、瓶山积雪、韭溪明月，更是浓笔重彩地描绘旧时嘉兴晴雨风雪、粮桑并茂的典型水乡风光，广为世人知晓。透过诗篇画卷，水乡的各种美妙景色，至今仍可追寻觅踪。

历史悠久、底蕴深厚、内涵丰富、博大精深、绚丽多彩的水文化遗产，是嘉兴7000年文明的发展史，承载着嘉兴从蛮荒湖沼到鱼米之乡、丝绸之府的发展史，展示着嘉兴人民百折不挠、无往不前的奋斗史，显现着嘉兴"勤善和美，勇猛精进"的优良传统和人文精神，是嘉兴地方历史文化无比珍贵的瑰宝，也是浙江地方乃至中国民族文化的重要组成部分和珍贵的历史文化遗产。

挖掘、保护嘉兴辉煌而璀璨的水文化遗产，传承、弘扬嘉兴数千年治水精神，正是我们这一代水利人继往开来、再谱新篇的题中之义！

"秀水泱泱，红船依旧。时代变迁，精神永恒。"南湖中小小的红船承载着人民的重托、民族的希望，正如习近平总书记所强调，"只要全党全国各族人民团结一心、苦干实干，中华民族伟大复兴的巨轮就一

嘉禾八景砖刻 —— 汉塘春桑

嘉禾八景砖刻 —— 杉闸风帆

嘉禾八景砖刻 —— 汉塘春桑

嘉禾八景砖刻 —— 南湖烟雨

定能够乘风破浪、胜利驶向光辉的彼岸"[1]，"从小船一直划到巨轮上，驶向光辉的彼岸"。[2] 当代水利人要把先辈们这数千年的治水精神传承下去，融入新时代的治水实践中去，奋力开拓"嘉水安澜，兴水惠民"的崭新篇章，为加快建设共同富裕典范城市和社会主义现代化先行市作出水利新贡献。

---

[1]《不忘初心 牢记使命 永远奋斗》，《光明日报》2018 年 1 月 4 日。
[2]《牢记誓言，党员身份记心间》，《解放军报》2017 年 11 月 3 日。

嘉禾道中 〔明〕童 佩

青帆一片水浮空，百里关河半日风。

何事当年隔疆场，吴樯越舰鸟声中。

水印嘉禾

一

烟雨南湖

南湖烟雨

〔清〕许瑶光

湖烟湖雨荡湖波，湖上清风送棹歌。

歌罢楼台凝暮碧，芰荷深处水禽多。

嘉兴南湖与南京玄武湖、杭州西湖并称为"江南三大名湖"，素来以"轻烟拂渚，微风欲来"的迷人景色著称于世，对运河水位起着重要调节作用，运河缺水时放水入河，运河水大时放入水柜，对嘉兴段运河的平稳通行、交通运输有着重要作用。南湖由三部分构成，包括南湖、西南湖和梅溪，风景雅致。

南湖

秀水泱泱　红船依旧

南湖

湖上微风入槛凉，翻翻菱荇满回塘。
野船著岸偎春草，水鸟带波飞夕阳。
芦叶有声疑雾雨，浪花无际似潇湘。
飘然篷艇东归客，尽日相看忆楚乡。

〔唐〕温庭筠

南湖

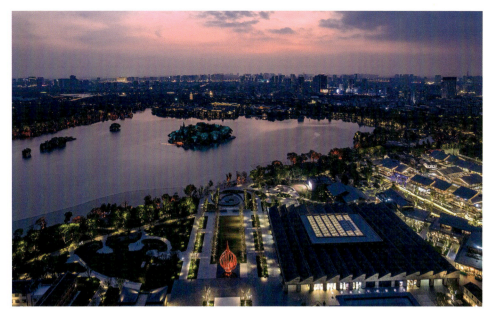

南湖夜景

　　南湖地处嘉兴市东南部，古代名为滮湖、马场湖，又名东湖、东南湖，位于浙江省嘉兴市南湖区。京杭大运河嘉兴段主流经过北丽桥、城北桥至西丽桥分二水，一水向东入西南湖，一水向西仍为运河。

　　南湖由运河各渠汇流而成，上承长水塘和海盐塘，下泄于平湖塘和长纤塘。南湖四周地势低平，河港纵横。湖南北长，东西狭，水域面积约624亩，水深2至4米。

　　南宋张尧同的《嘉禾百咏》中，有《滮湖》一诗："四境田相接，烟澜自渺弥。客来吟此景，无或比滮池。"后人作的附考说："湖在郡城东南二里春波门外，一名马场湖。宋志云：阔五百丈，深三丈。北邻城壕；东列廛市，其西则鸳湖也，亦名南湖。滨有濠股塔，湖南有乐郊、水心、列岫三亭，及潘尚书园中有烟雨楼。"

滮湖之所以称为"滮"，是因为这个湖是作为调节湖泊水量和灌溉之用的。《广雅》："滮浟，流也。"《诗经·小雅》中有"滮池北流，浸彼稻田"之句。《文选》中左思写的《魏都赋》有句："时梗概于滮池。"吕注："滮池，渭停水以灌稻也。"所以，滮湖应该是利用天然湖泊辅以人工改造后的水利工程。

本来，位于嘉兴老城正南方向的湖是鸳鸯湖，而滮湖是在城的东南方向，之所以从明代起人们渐渐把南湖的名号从鸳鸯湖移到原本叫东湖或东南湖的滮湖的头上，有两个主要的原因：一是鸳鸯湖面积因围垦而不断缩小，似乎无法担当起号称"南湖"的重任了；二是明代嘉靖二十八年（1549），在滮湖中填成湖心岛，在岛上建起了烟雨楼，从此人们将游览的重心从鸳鸯湖转到了滮湖。

我们注意到，在《弘治嘉兴府志》《嘉靖嘉兴府图记》或《万历嘉兴府志》中的《山川》篇中，都没有提到"滮湖亦称南湖"这一官方说法，但到了明后期的天启、崇祯年间，滮湖又称南湖的说法开始显现，入清以后，更是明文书

清朝《四库全书》中记录了南湖

于方志中，比如清代吴永芳《康熙嘉兴府志》载："滮湖在治南二里，一名马场湖，即今南湖也。"在清代许瑶光《光绪嘉兴府志》中引用了各代志书有关滮湖的记述后，再对彪湖作了很好的总结："鸳湖之水与其支流至城南二里，会于滮湖。亦名马场湖（《名胜志》）。在县南二里（《柳志》）。滮湖亦称南湖。西则灯涵崒堵，北则虹饮濠梁，倚水千家，背城百雉。蒹葭杨柳，菱叶荷花，绿浸波光，碧开天影，雕舫笙瑟，靡间凉燠，此一方最胜处也。""灯涵崒堵"即"灯涵濠刹"，是指彪湖西面的壕股塔，"虹饮濠梁"指湖东面的放生桥，这是以前从嘉兴城东到南湖游玩的必经之路。

至少从明末开始，民间俗称滮湖为南湖的说法，开始被官方所注意。最终，这一说法被接受并记录在地方志中。

南湖

南湖（俯瞰）

　　明代《天启嘉兴县志》记述："滮湖亦称南湖，西则灯涵窣堵，北则虹饮濠梁，倚水千家，背城百雉。蒹葭杨柳，菱叶荷花，绿浸波光，碧开天影，雕舸笙瑟，靡间凉燠，此一方最胜处也。"《崇祯嘉兴县志》也专列"滮湖"词条："滮湖在县南二里，一名马场湖，俗称南湖。西则灯涵濠刹，东则虹饮放生，远市千家，背城百雉。蒹葭杨柳，菱叶荷花，绿浸波光，碧邀天影，雕舸笙瑟，靡间凉燠，此一方最胜处也。"

　　清代《嘉庆嘉兴县志》说："滮湖在嘉兴县东南二里，一名马场湖，又名东湖。湖与秀水鸳鸯湖相接。"说明滮湖归嘉兴县管辖，而鸳鸯湖是归秀水县管辖。而滮湖为何又别称马场湖呢？查文献史料可知，明清时期全国还有两个马场湖，湖南长沙有马场湖，山东济宁有马场湖。济宁的马场湖在大运河水利工程中发挥了重要的作用。

《山东通志》称其为"水柜",也就是水库,并称在春夏需用水的时候,从斗门出水灌入运河。其实,嘉兴的滮湖即马场湖也有这个有利于农业种植的水库功能。《三吴水考》记:"海盐塘南接海盐诸水,北入马场湖,东由七里桥达松江界内。"又记:"平湖塘广三十余丈,西南接焦山门桥,回而东注,与马场湖海盐之水会流,经嘉善界以达于松江。"南湖自古以来是市境各主要河流蓄泄的枢纽,海盐塘注入其中,平湖塘、嘉善塘在东栅汇合后,经甪里河与之相连,长水塘经西南湖亦贯注其中,分明就是水的汇潴之地。

（辑自于能《鸳鸯湖与滮湖》）

南湖周围景色

水印嘉禾

西南湖

鸳湖春晓放鹤洲

鸳鸯湖

两湖秋水抱城斜，缥缈楼台带落霞。

日暮鸳鸯看不见，数声风笛起芦花。

〔明〕高承埏

西南湖

放鹤洲公园

鸳鸯湖（引自《图画日报》）

　　"东西两湖水，相并比鸳鸯。湖里鸳鸯鸟，双双锦翼长。"这是南宋嘉兴诗人张尧同所写《嘉禾百咏》中的《鸳鸯湖》诗。诗的附考说："湖在郡城南三里。澄海门外。湖中多鸳鸯，故名。"又说："以东西两湖相丽如鸳鸯也，亦曰双湖，总名南湖。"

　　南宋祝穆撰《方舆胜览》，记："南湖，在嘉兴，又名鸳鸯湖。"当时，鸳鸯湖中筑有长堤，堤的东面是东湖，堤的西面是西湖，这样东西两个湖就像鸳鸯一样匹配成双，所以古人将之命名为鸳鸯湖。清代嘉兴有名的诗人朱彝尊在《鸳鸯湖棹歌》中说："自从湖有鸳鸯目，水鸟飞来定自双。"

　　旧时，鸳鸯湖周围的水系十分发达。明代《弘治嘉兴府志》记载："（长水塘）正流三十里至郡城南，潴为鸳鸯湖，而分流入郡城为韮溪，又分

西南湖

为爽溪并入望吴门达于北运河。又支流东北三里
达螺潭，与鸳鸯湖水并会于滮湖。"明代《万历嘉
兴府志》则说："漕渠（大运河）自余杭而来，入
秀水境，经学绣塔、白龙潭潴为鸳鸯湖。分为三
支，东流经五龙桥，南合长水，东南合海盐塘水，
汇为滮湖。"两志都很清晰地说明了鸳鸯湖是由
大运河水和长水塘水汇合而成，并且点明它和滮
湖（今南湖）的位置关系，也就是鸳鸯湖在嘉兴
城南，滮湖在城东南。

《弘治嘉兴府志》对"鸳鸯湖"有详尽的描

述："鸳鸯湖，又名相家湖，又名双湖，在县南三里。按《嘉禾志》：其先阔五十丈，深一丈。宋从事郎闻人滋尝作《南湖草堂记》云：檇李，泽国也。东南皆陂湖，而南湖尤大，计百有二十顷，而其利实潴水以资上田灌溉……或云东西两湖相连，故谓之鸳鸯湖。今以其居于南方，又谓之南湖云。"

对此，清代许瑶光《光绪嘉兴府志》考证颇细，在引用明代《弘治嘉兴府志》对鸳鸯湖的叙述之后，特别指出："湖在府城南半里许，长水归焉。考至元志（指《至元嘉禾志》）不载此湖，而东坡《过秀州赠钱端公安道》诗有'鸳鸯湖边月如水，孤舟夜傍鸳鸯起'之句，则其名早著矣。"

《嘉靖浙江通志》对鸳鸯湖作了篇幅很多的介绍："鸳鸯湖，在府城南一里。一名南湖。宋从事郎闻人滋尝作《南湖草堂记》云：檇李，泽国也。东南皆陂湖而南湖尤大。以其在府治之南，故又谓之南湖云。"闻人滋是南宋时期的嘉兴藏书家，不但喜欢收藏书，还喜欢借人阅读，这位学者记录了宋代鸳鸯湖的情形，那就是在宋代之时，鸳鸯湖在嘉兴市城周边的湖泊中是最大的一个。一百二十顷的鸳鸯湖，那实在称得上浩渺无际，让人心旷神怡了。

鸳鸯湖，曾是嘉兴的一个巨浸大湖，它烟波浩渺、四周园林密布，蟹舍渔村、波光塔影，风光优美。但是如今的鸳鸯湖只剩下被称之为"西南湖"那么大一点的水面了。这是因为从南宋以来历代的围湖造田造成的。

南宋偏安江南，官方虽曾多次疏浚江河，兴修水利，但因为社会的迅速发展，嘉兴有许多豪强大族为了享乐和经济利益，不断大肆围湖垦殖，侵占水道。鸳鸯湖作为首当其冲的大湖，自然也被一点一点蚕食。从"百有二十顷"的一万二千亩，被围垦到仅剩数千亩，再到今天已经不足三百亩。这不能不说是一件憾事。

古鸳鸯湖的残余部分就是现在的西南湖，而鸳鸯湖长堤（今城南路）西侧的湖面，即鸯湖，

放鹤洲公园（俯瞰）

西南湖（俯瞰）

大部分成了鱼塘和桑田，最后完全被填平，只剩下一条河道作为大运河的支流。《嘉兴市志》记载："清宣统元年（1909）闰二月，沪杭铁路穿越城南，改变了西南湖地貌。民国二十四年（1935）嘉桐公路开筑，西南湖地貌再次改变，加上数十年来筑路、建厂及农田建设，西南湖已不复旧观，水域面积也大为减少，现湖面已不足300亩。"当年的嘉桐公路一段也就是现在的城南路，为了修建公路，必然要将原有长堤向湖中拓宽、延伸，鸳鸯湖的面貌发生了非常大的改变。

鸳鸯湖的风光在如今的西南湖上还是依稀可辨的。现在的嘉兴城南路神龙桥一带曾经就是古时湖中的长堤，那时就像杭州西湖的苏堤六桥将西湖隔断一样，在长堤上，嘉兴人也建起了跨塘桥、潦波桥、五龙桥等，湖中还有裴岛、放鹤洲、真如塔等名胜。

（辑自于能《鸳鸯湖与滮湖》）

烟雨楼

春波门外惹烟雨

烟雨楼

轻烟漠漠雨疏疏，碧瓦朱甍照水隅。

幸有园林依燕第，不妨蓑笠钓鸳湖。

渔歌欸乃声高下，远树冥蒙色有无。

徒倚阑干衫袖冷，令人归兴忆莼鲈。

〔宋〕杨万里

烟雨楼

烟雨楼（俯瞰）

烟雨楼位于嘉兴市南湖湖心岛，是嘉兴城的地标性建筑。它始建于五代后晋天福年间（936—944）。据《名胜志》记载，吴越国时，中吴节度使、广陵王钱元璙在湖畔筑宾舍以为"登眺之所"，以供游赏。南宋嘉定年间（1208—1224），吏部尚书王希吕在五代台榭旧址上建楼，并将其命名为烟雨楼。相传，楼名取自唐代诗人杜牧《江南春》诗句"南朝四百八十寺，多少楼台烟雨中"。数百年间，湖滨的烟雨楼几经兴废，早已无存。

明嘉靖二十七年（1548），嘉兴知府赵瀛疏浚城河，将挖出的河泥填于南湖之中，成一"厚五丈、广二十丈"的小岛，并"傍植兼苇榆柳桃杏"，称湖心岛。第二年，仿烟雨楼旧制，建楼于岛上，沿用了烟雨楼之名。从此，烟雨楼由湖滨移建至湖心岛。同时，在烟雨楼前栽银杏树两棵。470多年来，两棵银杏树虽饱经沧桑，但依然生机勃发，苍劲挺拔，形如蛟龙腾空，成为南

烟雨楼（引自《图画日报》）

清雍正年间的南湖图

湖烟雨楼变迁的历史见证。进士范言作《重建烟雨楼记》，并刻碑立于烟雨楼后，以记赵瀛之功绩。

烟雨楼在湖心岛上重建后，历经风雨沧桑，屡毁屡修（建）。明万历年间（1573—1620）嘉兴知府龚勉和清同治年间（1862—1874）嘉兴知府许瑶光任职期间，精心打造，湖心岛形成了以烟雨楼为主体的园林建筑群，幸存至今。现存烟雨楼为民国七年（1918）嘉兴县知事张昌庆重建，楼未完，张去职，继任知事王莹续成。中华人民共和国成立后，政府非常重视保护名胜古迹，对烟雨楼进行多次修缮，烟雨楼巍然屹立，再现辉煌。

如今，湖心岛上亭台阁榭，曲径回廊，假山奇绝，错落有致，长堤小桥，花木扶疏，古树参天。楼前有荷花池，呈现湖中有岛、岛中有池的独特景观，体现了中国造园艺术的风格。

湖心岛景观

水印嘉禾

南湖红船

起航之梦 一船红中国

南湖题诗

革命声传画舫中，诞生共党庆工农。
重来正值清明节，烟雨迷蒙访旧踪。

董必武

南湖红船

嘉兴南湖中共"一大"会址

1921 年 7 月，中国共产党第一次全国代表大会因上海法租界巡捕的袭扰，被迫于 8 月初转移至南湖的一条游船上继续举行，代表们在游船上讨论通过了中国共产党的第一个纲领和第一个决议，选举了党的中央领导机构，宣告中国共产党成立。南湖从此成为党的诞生地，成为全国人民向往的革命圣地，是全国重点文物保护单位"中共一大会址"的有机组成部分。嘉兴南湖"中共一大会址"归入中国共产党第一次全国代表大会会址。

因开会之船早已不知所踪，为了纪念中共"一大"在南湖游船上胜利闭幕这一重大历史事件，在中央和浙江省委的关怀、指示下，根据中共"一大"会议时来嘉兴安排游船的当事人王会悟回忆，仿制了一艘丝网船模型，送到北京请中共"一大"代表董必武审定认可，后按模型原样仿制了一艘画舫作为南湖革命纪念船，陈列在烟雨楼下万福桥旁，供群众瞻仰。这只仿建的"红船"，不仅集丝网船的优点于一身，而且船上的屏风、气楼的雕刻图案，如花卉和戏曲人物等，表现得栩栩如生。

时隔 5 年，董必武重来南湖，他登上画舫，感慨万千，挥毫题诗一首："革命声传画舫中，诞生共党庆工农。重来正值清明节，烟雨迷蒙访旧踪。"

南湖红船景观

红船

水印嘉禾

南湖革命纪念馆

复兴之梦
开天辟地大事变

参观南湖革命纪念馆感赋

南湖七月访遗踪，船挂锤镰耀日红。
领袖天安升赤帜，伟人深圳送春风。
改革创业丰碑树，法治强国伟略融。
圆梦小康今实现，复兴华夏颂丰功。

曹根声

南湖革命纪念馆

南湖革命纪念馆（俯瞰）

　　南湖革命纪念馆成立于 1959 年 10 月，馆址设在南湖湖心岛。1985 年，邓小平同志为南湖革命纪念馆题写馆名。

　　进入 21 世纪，为更好保护、挖掘和利用南湖的红色资源，充分发挥南湖革命纪念馆作为全国爱国主义教育示范基地的作用，决定筹建南湖革命纪念馆新馆。2006 年 6 月 28 日，在庆祝中国共产党成立 85 周年之际，时任浙江省委书记的习近平同志为南湖革命纪念馆新馆奠基；2011 年 6 月 30 日，中国共产党成立 90 周年前夕，南湖革命纪念馆新馆落成开放。2018 年 4 月，成立红船精神研究院，实行"馆院一体"管理。

南湖革命纪念馆新馆建筑总面积 19217 平方米，其中展厅面积 8000 平方米。建筑由"一主两副"呈"工"字形的三幢建筑组成，象征着中国共产党是工人阶级的先锋队；四周有 56 根檐柱，寓意 56 个民族紧密团结在党中央的周围；建筑外墙采用大规格青面砖，体现庄重大气的风格，兼具江南水乡韵味；主体建筑背面设有大型宣誓广场，可容纳千人集体宣誓。

南湖革命纪念馆《红船起航》主题展览以中国革命红船起航为主题，以党的初心和使命为主线，以党的发展历程为脉络，聚焦中国共产党创建与"一大"南湖会议，全面阐释一个大党与一条小船的关系，全面展现一百年来中国共产党在初心使命的砥砺下，带领全国人民取得革命、建设和改革伟大胜利的光辉历史，特别是中国特色社会主义进入新时代取得的根本性变革和历史性成就。

南湖革命纪念馆是全国文明单位、全国爱国主义教育示范基地、全国青少年教育基地、全国廉政教育基地、全国社科普及优秀教育基地、全国关心下一代党史国史教育基地、全国民族团结进步教育基地，是国家一级博物馆，发挥着"鉴往知来、以史育人"的宣传作用，是广大党员干部、人民群众和青少年进行爱国主义教育、革命传统教育的重要阵地以及开展红船精神和党史研究的重要阵地。

二

大美运河

赞大运河（节选）

卢顺贞

天地悠悠，运河泱泱。雪浪千里，云樯八方。

浩荡无匹，奔流最长。北起京津，南抵苏杭。

　　大运河嘉兴段流经嘉兴市秀洲区、南湖区、桐乡市、海宁市，全长110千米，流经乡野、穿越村庄、哺育古镇，孕育了江南"鱼米之乡"。运河自东北向西南横贯嘉兴境内，形成了以嘉兴为中心、运河为骨干的水网。流淌不息的大运河，给嘉兴这座古城带来了飞速发展，将这座江南古城，变成"左杭右苏""南北通衢"的重要坐标城市，滋养了嘉兴独特的运河文化和人文景观，留下了丰厚的历史文化遗产。

水印嘉禾

京杭大运河嘉兴段

穿越嘉禾　润泽众生

七绝·大运河（节选）

江南北国脉相牵，隋代千年水潆涟。
寄语飞南归北雁，大河头尾是家川。

冰雪红豆

京杭大运河嘉兴段——苏州塘

大运河嘉兴段流经嘉兴市秀洲区、南湖区、桐乡市、海宁市，流经乡野、穿越村庄、哺育古镇，孕育了江南"鱼米之乡"。

隋朝在原春秋和秦汉旧有运渠的基础上，开江南运河，沟通南北水系，形成了大运河嘉兴段当今现存的网状运河体系，成为南北交通大动脉。大运河嘉兴段主线航道里程110千米，支线航道约990千米，由北至南包括了苏州塘、嘉兴环城河、杭州塘、崇长港、上塘河等河段。

1. 肇始于春秋

嘉兴地区运河开凿历史悠久。春秋时期，晋、楚两个大国竞相争霸，但由于势均力敌，不能一决高下。出现这样的局面后，晋国开始联合吴国，楚国不得已联合越国进行对抗。两个大国相继扶植吴越两个小国，传播优秀的军事和生产技术。吴越两国迅速成为军事力量雄厚的国家，出于运输和战争的需要，开始开凿运河。据《越绝书·越绝外传记·吴地传》记载："百尺渎，奏江，吴以达粮。"吴国开凿百尺渎，向南可以通达钱塘江，便于运输粮食。百尺渎，别名百尺浦，由苏州地区向南流动，经吴江、嘉兴、崇德，到达钱塘江北岸的河庄山（今浙江海宁县盐官镇西南四十里）侧，沟通了太湖流域和钱塘江。历史上著名的槜李之战就发生在嘉兴，就是利用了这些渠道。周敬王二十四年（前496）五月，越王允常死去，吴王阖闾乘丧起兵伐越。越王勾践率兵

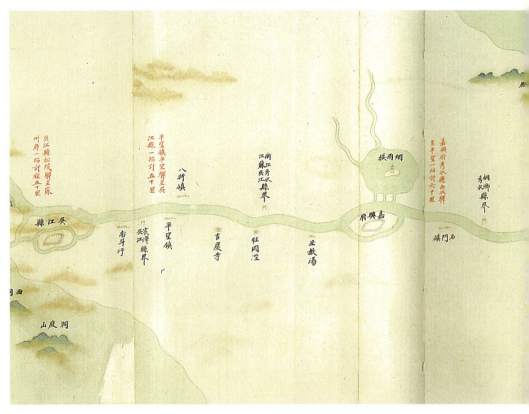

《京杭运河全图》（局部）

抵御，双方在檇李摆开战场，"吴师败于檇李"。公元前 482 年，越王勾践开凿越水道（今崇长港），亦名漕运河、长安塘河，自桐乡崇福镇至海宁市长安镇，全长 7.5 千米。百尺渎和长安塘河都是大运河嘉兴段的前身。

秦始皇结束了春秋战国时期长达五百多年的分裂局面，统一了六国，为加强对东南地区的控制，便于中央集权，开凿了许多河道，其中就包括从嘉兴至崇福到杭州的陵水道。《越绝书·越绝外传记·吴地传》记载："秦始皇造通陵南，可

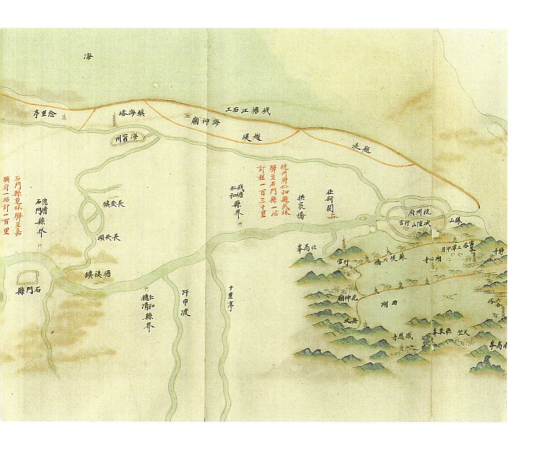

通陵道，到由拳塞。同起马塘，湛以为陂。治陵水道致钱唐越地，通浙江。"陵，东汉刘熙《释名》云："陵，隆也，体隆高也。"可解释为堤塘。太湖平原地势低平，地下水位高，起土为堤，因此嘉兴至今有诸多河流被称作塘。陵道就是塘路，"陵""水道"就是并列而行的塘路和水路。陵水道沟通了嘉兴和杭州的水道，其南端经海宁硖石沿上塘河与钱塘江相通。陵水道的开凿奠定了大运河嘉兴段的大致走向。

西汉时期，汉武帝为方便漕运，开凿了由苏

京杭大运河嘉兴桐乡段

州到嘉兴一段河道，这段河道长余百里，与陵水道相连接。至此，大运河嘉兴段的运河已初具规模，成为江南运河的重要组成部分。

2.完成于隋唐

隋代是我国运河发展的一个重要时代，公元610年，隋炀帝杨广在各地原有运河河道的基础上，重新修浚，完成南北运河之间的沟通。《光绪桐乡县志》记载："隋大业六年，敕开江南河，自京口至余杭八百里，阔凡十余丈，其水之源出于武林诸山，是为江、浙运河所自始。然按西汉

《地理志》：'武林水所出，东入海，行八百里。'
则知大业所开，原有旧迹可因。炀帝恣意南巡，
因开此河，后世实赖此以为运道。"至此，嘉兴
成为南北运河交通干线上的重要支点。

　　唐宋时期，经济中心与政治中心分离，经济
中心在两浙地区，政治中心在中原地区，两浙的
经济发展水平远远超越了中原地区，尤其是农业
与工商业发展迅速，成为中央需要仰赖的经济命
脉。两浙地区成为漕运的中心，中央积极疏浚运
河河道，定期维护河道的通航能力，自此，江南
运河脱离早期以天然河道为基础进行整治的运

清朝《浙江通志》中记录了运河

京杭大运河嘉兴段——杭州塘

作模式，成为由人工维护疏浚的工程。而江南地区充沛的水资源使得天然水系的运道发展良好，在日常的生产生活中，南方的水路都比陆路更为便利。所以，南方的运河体系早在隋唐阶段就是全国范围内大运河的主要部分。

元至正十九年（1359），割据江浙的农民起义军将领张士诚为便于军粮运输，重新挖掘塘栖至杭州的新河道，使江南运河南端变成从崇福、大麻、余杭的走向，这一改变也延续至今。

3. 繁荣于明清

明清时期是京杭大运河发展的鼎盛时期。自明成祖朱棣至清末一直定都北京，而作为经济中心的江南地区，上交的粮食和贡赋，都依靠大运河来运输。明清两代都耗费了巨大的人力、物力和财力，用于运河河道的治理和沿线漕运的管理，中央设立部门机构和专门的岗位来保证漕运安全。明嘉靖三十五年（1556），时任右通政使的吕希周与知县蔡本端为抵御数次侵犯崇德的倭寇，把原本是穿城而过的直道运河修改为绕城而过的弯道运河。嘉兴市还流传着"崇德吕希周，直塘改作九弯兜"的民谣。

　　清代王凤生的《嘉兴府属水道总图》中描述："漕渠源自武林下塘河，受西湖、西溪、余杭塘河渚水，汇注于北新关。又东合苕水支流出会安桥而来，历谢村、塘栖，自德清大麻入石门二十五里穿县城壕……达王江泾，计程六十里入吴江县界，此运河之干流。"大运河嘉兴段成为南北经济的发展、粮食与军事物资的运输、国家的统一安定以及各地文化交流等方面都做出重大贡献的综合性水利工程。

　　中华人民共和国成立后，京杭大运河嘉兴段的拓浚力度不断加大。1950—1985 年，京杭大运河嘉兴段先后多次进行了疏拓，集中在桐乡境内河段。1994 年 8 月至 2002 年 6 月，市航道管理部门在杭申线航道改造中，对运河进行全线改造。杭申线航道南起杭州三堡船闸，至塘栖与

京杭大运河嘉兴海宁段

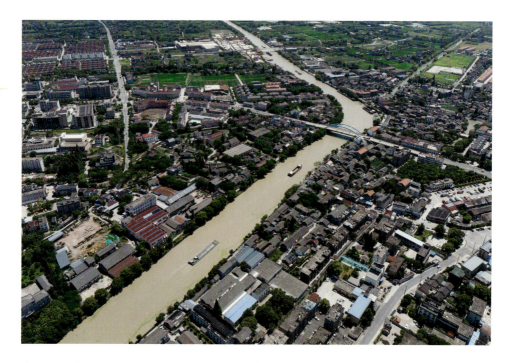

京杭大运河嘉兴海宁段

运河重合，至嘉兴市区荷花池。杭申线航道嘉兴段全长 92.18 千米，全线按四级航道改造，河面宽大于 60 米，可通 500 吨级船舶。

历经两千余年的持续发展与演变，以明清运河主河道为骨干、历史时期的运河干道并存的网状河道体系，在嘉兴至今仍保持畅通，并一直发挥着交通、运输、行洪、灌溉、输水等重要作用，是活着的、流动的重要水文化遗产。2014 年 6 月 22 日，在第 38 届世界遗产大会上，中国大运河被正式列入《世界遗产名录》，嘉兴境内有 5 段河道（总长 110 千米）和 2 个遗产点（长虹桥、长安闸）入选其中。

长虹桥

大运河由苏入浙第一桥

水印嘉禾

长虹桥

虹影卧澄波，登高供远瞻。
南浮越水白，北接吴山绿。

〔清〕王明福

早晨的长虹桥

长虹卧波——世界文化遗产

　　长虹桥位于王江泾镇大运河上，横跨运河，是嘉兴北部沟通王江泾运河两岸镇市和周边交通的重要桥梁，也是浙江北部平原软土基上修建的最大石拱桥。桥梁雄伟壮观，呈现长虹卧波之势，故名长虹桥。《闻川志稿》称："镇之东南，踞塘岸，跨运河，其大桥曰长虹。"

　　长虹桥为巨型三孔实腹石拱桥，全长72.8米，桥面宽4.9米，主孔净跨16.2米，拱矢高10.7米，两边孔跨各9.3米，西坡桥孔内砌有石纤道。桥两侧各有57级石阶，两侧桥栏也用长条石构成，并加工成可供人休息的内弧形，平水时水面距离桥顶18.8米。1997年9月，长虹桥

被公布为省级重点文物保护单位，2006年，被
列为全国重点文物保护单位。2014年，中国大
运河申遗成功，长虹桥作为嘉兴仅有的2个遗产
点之一入选其中。

　　长虹桥始建于明万历年间，由嘉兴知府吴
国仕建造。吴国仕，号长谷，安徽歙县人，万历
三十二年（1604）进士，万历三十九年（1611）
任嘉兴知府。万历四十年（1612）吴国仕主持重
修运河塘路，长虹桥应该在此期间得以建造。清
康熙五年（1666）重修，嘉庆十七年（1812）再
次重修，光绪六年（1880）又修补石栏。虽几经
重修，但长虹桥明代建筑风格却没有变化，桥梁

虹桥画舫图

线条简洁流畅，桥形端庄秀丽。

长虹桥在运河嘉兴段上算是建造比较晚的一座桥梁，其原因在于这一段运河的特殊性。嘉兴城至王江泾的运河是运河嘉兴段中最宽最深的河段。历史上这段运河是浙北的骨干河道，也是杭嘉湖平原水流北排的主要水道，杭嘉湖平原的水流经苏州塘向北入吴淞江再向东入海。由于排水的需要，这段运河较其他段更宽阔，经北排水流的冲刷，运河深度也更深。文献记载，这段运河水深达两丈多，比运河桐乡段要深一倍。王江泾运河水急河深，架桥不易，从隋代至清代的 1300 多年中，嘉兴运河上的桥梁大多是单孔石拱桥，只有长虹桥一座三孔石拱桥。20 世纪八九十年代，嘉兴运河航道拓宽，原来运河上的单孔石拱桥都被拆除，并建造混凝土大桥，只有三孔石拱桥长虹桥基本上还能适应运河航运需要而被保留下来。

长虹桥原有石牌坊，已毁，近年在桥东堍重建。桥南北侧边孔都有桥联。南侧边孔主联："淑气风光架岭遥登彼岸；洞天云汉横梁稳步长堤。"副联："劝世成善；愿人作福。"北侧边孔主联："福泽长流物阜民安国泰；慈舟普渡江平海晏河清。"副联："千秋永庆；万古长龄。"

长虹桥是京杭大运河上一座典型的三孔实腹薄孔墩连石拱桥，其优美的造型、雄伟的气势、精巧的构造，反映了中国明清时期江南高超的工程技术水平，是中国工程技术发展的一个历史标本。长虹桥这种适应王江泾软土地基条件的结构形式，在欧洲直到 18 世纪才出现，因此在世界桥梁史上也具有重要的地位。

长虹桥

水印嘉禾

落帆亭

亭前灯火落帆齐

落帆亭

青青柳色杂桑麻，旧迹荒凉胃绮霞。
孤鹜声随寒磬下，盈尊影堕片帆斜。
榔鸣五两停游骑，缆卷耶呼泊钓车。
若个秋江离思切，月明深夜诉琵琶。

〔明〕曹 谷

落帆亭

落帆亭（俯瞰）

　　杉青闸旁建有落帆亭，始建年不详，地方志只记载是于宋神宗熙宁初年由吕温卿重建。它坐落于紧临运河西侧的南湖区新嘉街道原杉青闸路，以船只过闸落帆的实景命名。落帆亭原为杉青闸旁一座亭子建筑，运河上由苏州进嘉兴的帆船，过闸必落帆，故称"落帆亭"。后以亭为中心建成一处园林，仍以落帆亭命名，由于经运河往来人员众多，此地当时是官吏和过闸客商重要的游憩之所。落帆亭在明天启六年（1626）又重建，后历经战火毁圮，清光绪六年（1880）再建。《光绪嘉兴府志》有载："杉青闸，宋尝置吏，有廨宇及落帆亭。"民国十年（1921）嘉兴酒业公所又募资整修。日军入侵期间又遭严重破坏。

　　中华人民共和国成立后也曾整修，"文化大革命"时期，落帆亭被破坏，荷花池被垫平筑路，房舍成为居民住宅，仅存部分假山和太白亭等旧迹。1981 年，落帆亭被公布为嘉兴市第一批市级文物保护单位。1988 年，修茸、重筑落帆亭，包括亭四座、大小假山两座，总建筑占地面积达 200 平方米。2011 年，被浙江省人民政府公布为省级文物保护单位。

20 世纪二三十年代出版的《江南园林志》，把嘉兴落帆亭列为一所名园。1935 年京沪杭甬铁路管理局编印的《嘉兴导游》手册，其"落帆亭"条下记云："亭面临运河，凭窗闲眺，景色独佳……今则树木葱郁，架石成山，身临其地，清气盎然。"

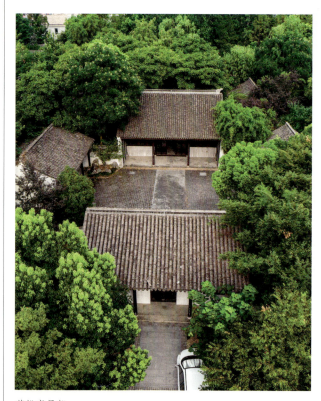

落帆亭局部

西水驿

南北水上通信的中转站

西水驿

停桡西水驿，击柝已三更。
野阔诗怀壮，天寒酒力轻。
雁声惊别梦，月色鉴离情。
江上多渔唱，征人睡未成。

〔清〕张 谦

西水驿

西水驿

京杭大运河沿途的城市，自古就是繁荣富庶之地。在长江以南这片富饶的土地上，有着诸多水驿。元代从镇江至杭州的江南运河段，就设有14座水驿，它们分别为京口、云阳、吕城、昆陵、洛社、望亭、姑苏、吴江、平望、西水、阜林、长安、赤岸、杭州，嘉兴西水驿就是这其中的一座水驿。

据《嘉兴市志》记载，嘉兴地处要冲，"南通八闽，北通三吴，旁及江右"，沿海又是边防要地，驿站建立较早，秦汉时就北通京都，南达闽粤。嘉兴郡在唐贞观二十三年（649）建有安运驿，宋代为嘉禾驿，属马驿，有驿马90匹，马户830名，后设为水驿，有船80只，船夫（户）760名。元世祖至元十七年（1280）置嘉兴路水驿，地址在西门外西丽坊，紧靠三塔塘。驿站原很简陋，后由郡守丁嘉议发起，进行了大规模改扩建，扩建后的西水驿不但厨房、米仓、库房、浴室一应俱全，而且亭台楼阁、水榭长廊无一不有，飞檐斗拱，高峻壮丽。明初称西水驿，设驿丞，建有厅堂等。清康熙时建仪门、厅堂、轩室、

西水驿碑

夫房，规模更宏敞。该驿历史上接待过无数过往官员。明代曾有朝鲜使臣崔溥停息于此，题诗云："今日又过嘉兴府，人自繁华竹自苞。"清代朱彝尊《鸳鸯湖棹歌》也有"西水驿前津鼓声，原田角角野鸡鸣。苕心菜甲桃花里，未到天明棹入城"之诗。

历史上，西水驿曾有数次毁损，都是因为兵争。第一次毁损是明洪武三年（1370）。不久西水驿即重建，时有廨舍、船坊及站船十七座。第二次毁于明崇祯十七年（1644），这一年正是改朝换代之时，嘉兴的诸多古迹被毁坏。二十八年后的清康熙十一年（1672），嘉兴知府王师夔又予重建。西水驿最终被废是在清末民初，因现代交通的发展和邮政业的崛起，官驿已没有存在的必要。

1998年11月，嘉兴市实施环河绿化工程，在拆除西丽桥东侧桥堍旧房时，发现砌于民居墙中的古碑。此时的古碑已一断为二。幸好当时负责拆迁的人员已有保护古迹的意识，才得以将其妥善保护。1999年10月，在西水驿旧址（今环城西路口运河畔环城绿化带）新建西驿亭，亭内立有元代《嘉兴路重建水驿记》碑石。碑为元代重建嘉兴路水驿时所刻，净高2.2米，宽1.1米，厚0.29米，青石质，重约2吨。顶上有龙凤图饰，边饰为祥云。碑额为"嘉兴路重建水驿记"八个篆体字。阴刻楷书22行，每行36字，共约770字。

《嘉兴路重建水驿记》碑石

嘉兴三塔

大运河的重要『航标』

赠芳上人归三塔

秀水西头久闭关，偶然飞锡出尘寰。
调心亦复聊同俗，习定由来不在山。
秋晚菱歌湖水阔，月明清磬塔窗闲。
毗卢好是嵩山笠，天际仍随日影还。

〔明〕王守仁

嘉兴三塔全景

嘉兴三塔老照片

嘉兴三塔

　　嘉兴三塔位于嘉兴市南湖区三塔路京杭大运河畔转弯处的三塔公园内，历来是嘉兴的标志性建筑之一，也是大运河的标志之一。昔日，当船将行至大运河三塔湾河段时，远远便能望见三塔屹立河畔，人们自然地从心里唤道：嘉兴到了！

　　走进三塔公园，首先看到的是一个牌坊，牌坊的匾额上题写着"茶禅夕照"四个大字。牌坊后面是三座并峙的宝塔，都是八角形密檐式砖塔，塔内无梯可攀。据介绍，三塔中间一座最高，为八面九层，总高 18.81 米。两侧两座各为八面八层，东侧塔总高 17.40 米，西侧塔总高 16.60 米。塔基须弥座四周饰有吉祥动物和佛教的图案浮雕。塔身每层间隔有 4 个壁龛，均嵌有青石浮雕佛像，神态庄严，饰庙红、庙黄、群青三色。

塔檐用砖叠涩挑出，檐短无翘角，塔刹为铁铸，覆钵承托，七节相轮，上置宝盖，刹顶葫芦形。

三塔始建于唐贞观年间。相传，唐代嘉兴城西门三里三塔湾有白龙潭，潭深水急，潭中蛰伏着一条白龙，遇风兴浪，舟楫过往，艰险莫测，事故不断。天晴时，潭中会有三道白光从水面射出。《至元嘉禾志》记载：此处原有白龙潭，水深流急，行舟过此多沉溺，唐异僧行云云游过此，运土填潭，建三塔于其上以镇之。从此舟楫过往摆脱了危险困境。

其实，大运河三塔湾段河道复杂。大运河从杭州过来快到嘉兴时，立即向南拐了一个90度急弯，向南刚过不到100米，又一个90度的急弯向东折去，这就是运河上有名的三塔湾。据考证，这两个急弯无疑是当年开挖运河时有意设计的。隋唐时塘浦体系尚未形成，天目苕溪来水水势峻急，运河一过三塔湾，前面不远就是嘉兴城，为了减轻洪水期间峻急的水流冲进城内的力度，才在进嘉兴城前设计了两个急弯。但是峻急的水流，连续两次急切地改变流向，就会在河流的一侧形成漩涡，激流卷走坍塌的泥土，最终把河岸边的泥土掏空，在这一侧的河岸形成深潭，这就是深险莫测的白龙潭形成的原因。这对过往船只

乾隆御制诗中关于三塔的记载

的航行带来了安全隐患。为了解决这个问题，人们用土石填平深潭，把这片填起的河岸改造成流线型凸岸，既消除了漩涡，又能减轻洪水力度。在填满龙潭而形成的新河岸的前端造三座塔，舟行运河，遥见三塔，遂谨慎行驶，以保安全。可见，三塔实有运河航标的作用，是名副其实的运河标志之一。

三塔几经兴废，旧时最后重建于清光绪二年（1876）。现三塔为2000年重建。要说历史的痕迹，三根伫立塔前的纤石中，有一根是从河中打捞上来的原石。触摸上面深深浅浅的勒痕，可以想象大运河畔原来的样子：船夫们泊好船，将粗大的纤绳在石上环绕，用力打上一个结；然后坐在驳岸石上，终于长长地歇一口气……

我国宝塔甚多，遍布各地，但三塔并峙却是国内罕见，嘉兴三塔在浙江独一无二。三塔建筑造型美观，三塔并峙，塔天倒影，波光粼粼，白帆片片，拉纤行舟，晚霞夕照，尽显江南水乡秀丽风光。

嘉兴三塔夜景

浙水遗韵

水印嘉兴

水印嘉禾

水乡乌镇

中国历史文化名镇

乌镇酒舍歌

落花流水人家近，鸿雁凫鹭飞阵阵。
一双石塔立东西，舟子传言是乌镇。

〔明〕瞿 佑

水乡乌镇

水乡乌镇

乌镇位于桐乡市北部，距桐乡市区约13千米，在历史上是浙江、江苏两省，嘉兴、湖州、苏州三府和桐乡、崇德、秀水、乌程、归安、吴江、震泽七县的错壤之地。

乌镇地当水陆交会处，四方来水，争流竞秀，境内河流多达十余条，是典型的江南水乡。镇以河为脊，依水成街，两岸建屋，借桥联通。镇区东南西北4条沿河大街呈现"十"字形布局，各色桥梁架在其中，有"百步一桥"之称。河、桥、路、屋融为一体，别具一格。清末时，全镇有石桥119座，以拱桥为多。水映桥孔，倒影套叠，被称为"桥里桥"，构成奇特景观。由镇中伸向四方大街，俗称东栅、南栅、西栅和北栅，各成

乌镇风光

市集。乌镇之水来自西南，流向东北，水路通达四方，历来是水运枢纽。方便的水上交通，促成了乌镇文化、经济的繁荣。同时也使乌镇由兴转衰，又由衰复兴，几经周折。

历经沧桑，乌镇仍完整地保存着原有的水乡古镇的风貌和格局，梁、柱、门、窗上的木雕和石雕工艺精湛。全镇以河成街，桥街相连、依河筑屋，深宅大院，重脊高檐，河埠廊坊，过街骑楼，穿竹石栏，临河水阁，古色古香、水镇一体，呈现一派古朴、明洁的幽静，是典型的江南"小桥流水人家"，石板小路、古旧木屋，还有清清河水的气息，仿佛都在提示着一种情致、一种氛围。

1991年，乌镇被评为省级历史文化名镇。1999年，乌镇开始保护性开发，先后开发了东栅、西栅两大景区，成为国家5A级景区、浙江省非物质文化遗产旅游经典景区，是欧洲游客最喜爱的中国旅游景区。现为中国历史文化名镇，中国十佳古镇。荣获亚太地区遗产保护杰出成就奖、世界休闲博览会休闲创新非常荣誉奖等称号。2014年11月19日，首届世界互联网大会在乌镇召开，并将乌镇定为世界互联网大会永久举办地。

潮涌钱塘

七绝·观潮

毛泽东

千里波涛滚滚来，雪花飞向钓鱼台。

人山纷赞阵容阔，铁马从容杀敌回。

　　杭嘉湖平原历来是国家粮食生产、财赋收入、经济和文化重地。钱塘江北岸海塘，西起杭州市西湖区上泗社井，经杭州和海宁、海盐、平湖，东至浙沪交界金丝娘桥，与上海市的江南海塘相接，是护卫杭嘉湖平原免受潮、洪侵袭的屏障。

　　钱塘江北岸海塘嘉兴段历史悠久，浩大雄伟，工程艰巨复杂，是历代劳动人民勤劳和智慧的结晶。受潮（洪）水特别是涌潮的影响大，历史上屡毁屡建。自汉代至民国时期，海塘修筑从少到多，从土塘到石塘再到混凝土塘，海塘修筑技术不断进步。但受社会制度和科技水平等因素的制约，很难持续规划实施大规模海塘修筑工程。晚清、民国时期，海塘修筑基本处于停顿状态，尤其在抗日战争期间，原有海塘失修，甚至损毁，海塘防御能力下降。

　　中华人民共和国成立后，面对海塘年久失修、防御能力低下、潮灾频发的局面，在中国共产党的领导下，投入大量的人力、物力和财力，从修复老塘、围筑新塘到全面建设高标准海塘，不断提高海塘防御能力，有力保障了沿海经济社会可持续发展。

钱塘江北岸海塘嘉兴段

御潮古海塘　捍海世无双

海塘叹

沙崩岸塌风驾潮，潮头势与城争高。
愚公移山或可障，精卫填石诚徒劳。
海若东来神鬼泣，尾闾南泄鱼龙逃。
邑兴大役官乏费，行矣板筑须时操。

〔清〕查慎行

钱塘江北岸海塘嘉兴海盐段

安砌铺底第一层图

安砌丁石图

历史上钱塘江北岸海塘有江塘、海塘之分，以杭州乌龙庙为界，以西为江塘，以东为海塘。民国十八年（1929）12月，江塘由杭海段工程处接管后，始统称为海塘。

钱塘江北岸嘉兴段沿线，不同时代根据不同需求分段兴筑海塘，随着河势的变迁，岸线不断向前推进或发生冲刷后退，后来逐步连接，渐次形成21世纪初的规模。北岸海塘始筑年代已无考。据现代发掘的考古资料记载，居住在这一带海边的先民已懂得利用海上风浪形成的自然堆积体防潮，并进一步用土堆堤，以防海潮。汉代始有筑塘的文献记载，其后筑塘史事延绵不断。

唐代，盐官已有绵亘百里的海塘。《新唐书·地理志》记载："盐官有捍海塘堤，长百二十四里。开元元年重筑。"该海塘始筑于何时，已无可考证。

两宋及元代，钱塘江河口多有变迁，局部江漕摆幅近百里。南宋鲁应龙《闲窗括异志》记载，早期海盐县治距海岸近100里，有捍海塘18条。望海镇离海95里，盐官县城距海30余里，基本没有潮患。在塘外海涂上设置众多盐灶，每年有大笔盐税收归财政。南宋绍兴年间（1131—1162），知县陈某曾经在距海塘五里处修筑望月亭，淳祐年间（1241—1252），望月亭亭基已沉入海中。每年塘外沙滩被海潮冲刷坍去数尺不止，积年累月岸线不断冲刷后退。随着岸线变迁，北岸海塘屡建屡毁，塘工技术逐步发展，并出现

钱塘江北岸海塘嘉兴平湖段（独山至水口海塘）

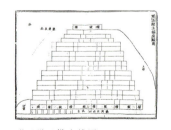

明五纵五横鱼鳞图

专设的塘工修理队伍。

　　明代，海宁县及平湖县新筑海塘不多，仅在大潮灾年进行修治。海盐段则一直处于持续的修筑状态中，明代记载的海盐海塘修治最大间断仅20年左右，屡修屡损，屡损屡修。在此过程中不断对海塘结构体系进行优化：明成化十三年（1477），两浙转运副使杨暄首次在钱塘江北岸修筑斜坡塘；明弘治元年（1488），海盐知县谭秀将其改进为外纵内横叠砌条石斜坡塘；明弘治十二年（1499），海盐知县王玺在此基础

上进一步优化为纵横交错条石塘；明嘉靖元年（1522），水利郎中林文沛推广这一塘式；明嘉靖二十一年（1542），水利佥事黄光升在王玺修筑海塘的基础上，创立五纵五横鱼鳞石塘；明万历三年（1575），嘉兴府同知黄清又疏浚塘河，修筑土备塘，形成石塘—塘河—土备塘联合御潮。

清初，海塘修筑较少，原定的海塘夫银一项也告停，直至清顺治十六年（1659），礼科给事中张惟赤奏请恢复岁修。海宁海塘受潮水冲击

1965 年海塘修筑

最为剧烈，海宁段筑塘方略的制订、塘式的进步等备受朝廷关注，是整个钱塘江海塘中投入人力物力最多的重点。康熙、雍正、乾隆三朝重视海塘修筑，很多朝廷重臣都参与过海塘工程的查勘、治理方略的制订、海塘结构的研究以及海塘工程施工管理。康熙五十七年（1718），巡抚朱轼奏请逐年将修筑工段、用过帑金据实报销，钱塘江海塘岁修之名自此始设。康熙五十九年（1720），朱轼修筑 500 丈鱼鳞大石塘，此为清代大规模修筑海塘之始；雍正年间（1723—1735），几经大潮灾，在投入大量人力物力而仍然发生大规模坍塘灾害后，清帝雍正提出"一劳永逸"的治塘方针，不惜工本修筑鱼鳞大石塘。清帝乾隆六下江南，四临海宁海塘，专程察看，亲自擘画，积极贯彻既定的方略，巩固旧塘，并在险工地段大规模兴建鱼鳞大石塘，以谋久安。塘工技术方面已有丁坝、盘头、护坦等多种多样的海塘防冲设施。

民国时期，西方科学技术传入，钱塘江海塘的修筑也逐渐采用水泥砂浆、钢筋混凝土等新材料、新技术和新结构。1927 年 8 月，浙江省钱塘江工程局成立，专司钱塘江事务管理；1928 年 9 月，浙江省钱塘江工程局裁撤归并，成立浙江省水利局，专司全省水利工程管理；1937—1945 年全面抗日战争期间，钱塘江海塘基本失修，浙江省水利局并入浙江省农业改进所，并撤退至后方。1946 年 8 月 1 日，恢复成立浙江省钱塘江海塘工程局，并聘请中外水利专家对海塘进行实

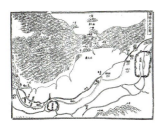

海塘北岸全图（上）

海塘北岸全图（下）

历代钱塘江北岸变迁图

地考察研究，提出海塘修治策略。

民国时期，钱塘江北岸海塘大体上分杭州—海宁段（简称杭海段）和海盐—平湖段（简称盐平段）管理。

钱塘江老海塘大多建于明清时期，工程老化，塘顶高程偏低，塘身整体稳定性差。中华人民共和国成立之初，海塘工程以老海塘的堵口复堤、抢修险工险段和培修加固为主。20 世纪 50 年代后期，开始治江缩窄、按治导线围涂建堤，围涂规模较大的有海宁县尖山围涂、海盐县东段围涂、平湖县水口至白沙湾围涂等。1988 年后，实施 6 段钱塘江海塘一期加固工程，其中北岸 5 段，原拟进行二期加固工程，后筹备实施钱塘江标准海塘工程。

1988 年后，钱塘江河口江道主流偏北，对北岸海塘冲刷加剧，险情丛生。省钱塘江管理局自 1993 年后，逐级向上级反映，明清老海塘已不足以抵御涌潮及风暴潮可能造成的灾害，必须对明清老海塘进行根本性的加固改造。1994 年第 17 号台风后，国务院副总理朱镕基批示，支持钱塘江北岸险段海塘建设工程，1996 年国家计委批准立项。1997 年第 11 号台风后，按照全省统一部署，组织开展大规模钱塘江标准海塘建设，钱塘江北岸海塘也纳入全省标准海塘建设计划，局部按治江规划线继续围涂筑塘。

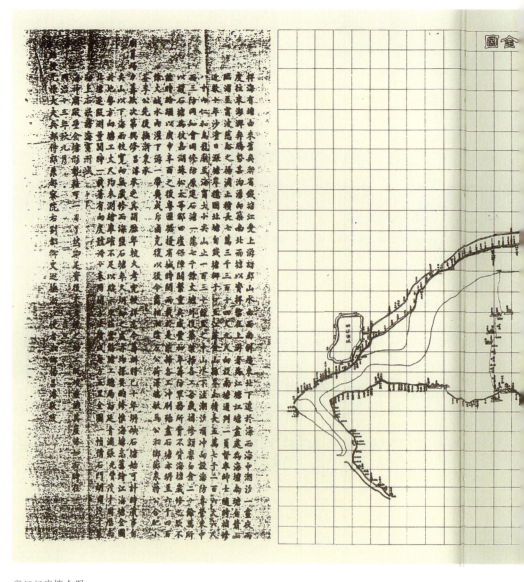

浙江江海塘全图

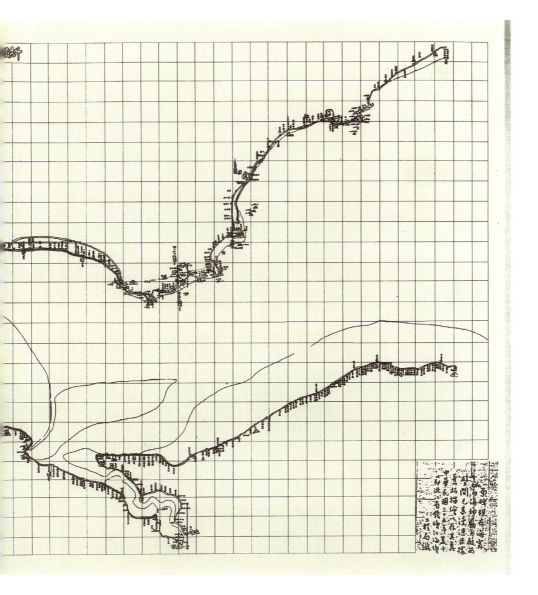

水印嘉禾

海神庙

浙海之神的神庙

谒海神庙瞻礼有作

盐官驻马先虔谒，庙貌枚枚皇考修。
捍患御灾宜祀典，恬风静浪赖神庥。
即今南涨方坍北，尚此春逢况值秋。
黍稷非馨在明德，是吾所愧敢忘愁。

〔清〕乾 隆

海神庙

海神庙正殿内

　　海神庙，位于浙江省海宁市盐官镇春熙路东端，清雍正八年（1730）九月浙江总督李卫奉敕建造海神庙，在春熙门内（今盐官镇春熙路150号）辟地40亩，雍正九年（1731）十一月竣工，占地约2.7公顷，耗银十万两，其结构仿故宫太和殿，故其有"银銮殿"之称，建成了这座祀浙海之神的神庙。咸丰年间大部分建筑毁于兵燹。光绪十一年（1885）重建。现尚存的石坊、石狮、石筑广场、庆成桥以及大门、大殿、御碑亭，仍显示着皇家督造的气度。

　　海神庙正殿建筑最为雄壮，为重檐歇山顶式宫殿建筑，五楹、陛四出、七级。正脊为双龙抢球，并书有"保厘东海""永庆安澜"字样。脊梁两侧有高大的鸱吻，正脊、博脊、重脊上均塑有金刚人物像和寓风调雨顺等与风水有关的典故。海神庙是祀传说中的"浙海之神"。正殿中设一无名之海神，传为宋元明时江南诸地祭祀的海神忠正王李禄，钱镠、伍子胥享配左右。在正殿后有八角重檐攒尖顶御碑亭一座，亭内御碑通高约五米，为汉白玉石质。碑额浮雕飞龙朱雀，双龙抢球。碑身及碑座周刻飞龙、如意、卍字及海水图案，精美绝伦。碑身阳面为雍正《海神庙碑记》，阴面为乾隆帝的《阅海塘记》。

　　盐官海神庙是全国重点文物保护单位，是我国保存最为完整的海神庙之一，也是江南地区现存规模最大的敕建官式建筑遗存，更是我国官式结构与地方文化有机结合的典范建筑。

乾隆御制阅海塘记御碑

水印嘉禾

镇海塔

浙北地区仅存的元代宝塔

镇海塔

海色微茫金碧浮，砥如砥柱镇洪流。
佛光炳耀驯龙藏，仙观高寒俯堞楼。
新堰万寻平野障，远山一发暮潮秋。
诸天赖倚崇墉久，绝胜东坡玉带留。

〔清〕嵇曾筠

镇海塔

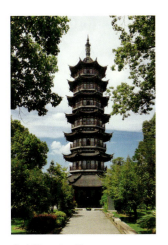

镇海塔正面远景

海盐县自古以来就深受钱塘江口岸海潮侵扰之苦。唐宋时期，海盐县城离海尚远，因海潮侵逼，钱塘江的河道多次变迁，海岸遭到海水的冲击而崩坍，危及百姓生命财产，给人民带来深重的灾难。由于海岸线不断内移，县城被迫逐渐向西南方向迁移。乡俗以为"塔能镇海"，于是在元代元统二年（1334），天宁寺住持高僧楚石梵琦发愿建塔镇海，塔于至元三年（1337）9月开工，到至正元年（1341）建成，名为"镇海塔"。

巍巍镇海塔，历尽风雨沧桑，六百年间，圮而修，修而圮，既遭天灾，又罹兵燹。特别在清康熙八年（1669），因不慎失火，塔身俱毁，仅存塔心。寺僧觉海法师，立誓重建，四处募化，寒暑八载，宝塔修复如初。清乾隆年间又不慎失火，塔身又毁，遍体鳞伤，遂又重建修复。明清两代，塔身多次维修，民国期间也进行过多次重修，才使镇海塔焕然一新。

进入 21 世纪，海盐县政府出资对镇海塔进行重修。在坚持"修旧如旧"的原则下，镇海塔的修缮在原址进行，尽可能保持了原来古塔的基本面貌。如今，镇海塔是浙北地区仅存的元代宝塔，缓缓踱步于天宁寺，寺内绿树葱郁，香火袅袅，梵音缭绕，镇海塔前众多善男信女慕名而来，或祈福平安，或焚香许愿，延续六百多年的信念与虔诚仿佛穿越时空相会在了一起，这是民众对美好生活的期望和憧憬。

《天宁寺重建镇海塔及千佛阁记略》碑刻

浙水遗韵

水印嘉兴

占鳌塔

钱塘江畔升明月
占鳌塔下看夜潮

登镇海塔观潮

与客临孤塔，春潮带雨来。
横空一鸟过，近岸数帆开。
风急喧铃舌，潮平走蛰雷。
诸峰形飘缈，或恐是蓬莱。

〔清〕李 榕

占鳌塔

占鳌塔近景

位于海宁观潮公园内的占鳌塔，又名镇海塔，是一座为镇服潮神而建造的楼阁式佛塔，始建于宋代，重建于明代，砖身木楼。登临占鳌塔观一线潮，是海宁观潮的最大特色，登塔俯视，盐官古城风貌尽收眼底，杭州之玉皇、碛石之东山也隐隐可见。清高宗乾隆登塔后留下了"镇海塔旁白石台，观潮端不负斯来。塔山潮信须臾至，罗刹江流为倒回"这首七绝。

占鳌塔由明万历年间知县郭一轮经始筑基，继任陈扬明于万历四十年（1612）落成，已有400多年历史。塔高十五丈（实测 39.357 米），周围九丈六尺（实测 25.32 米），平面呈六边形，外观七层，内为八层，该塔"砖身木楼，石阶回磴；围廊翼栏，飞檐画甍；戗角垂铃，铜顶吊链"，其中塔刹部分由六条铜链和葫芦、相轮组成，塔身由砖木楼阁构成，六面戗角均采用斗拱结构，每层塔心和廊檐通道间有三扇拱形壸门。由于塔内狭小，难以设置楼梯，因此利用拱门厚壁设台阶，其中一扇拱形券门通向上层，另外两扇分别通向下层和本层，这很好地利用了狭小的塔内面积，同时使古塔更为精巧玲珑。在古塔戗角上均悬有铜质风铃，微风吹拂，发出优雅的叮铃声，古塔原绘有五彩壁画，禽兽海浪。在占鳌塔顶层还有砖刻"占鳌塔"额，为知县陈扬明手迹。

水印嘉禾

安澜塔

钱塘江中塔山坝
塔山坝上安澜塔

庙宫不臣心难安，常唤两潮助波澜。
金銮御驾筑塘石，挑水坝上浮屠塔。

邑人

安澜塔

安澜塔风光

安澜塔坐落于海宁市黄湾镇闸口村塔山塘，三面濒江，始建年代不详。据《海宁州志稿》载，塔山乃尖山余气，上有塔，故名。又载，乾隆五年（1740）尖山坝工告竣，由此，塔至少建于1740年前。又据《杂志祥异》卷四十所载："致和元年（1328）盐官州海堤崩，遣使祷祀，造浮图二百十六，用西僧法压之。"塔或建于此，录此备考。《海宁县志》："初诏天师张嗣成修醮禳之，不验。复诏遣使祷祀造浮屠二百十六，盖用西僧法，谓潮可镇压也，亦不验。至是，以石囤塞之。"雍正年间修筑塔山坝时，已被记载早有塔山。1982年2月公布为海宁县级文物保护单位。

从塔上铭文可知，此塔为民国四年（1915）重建，为六面七层石塔，全部用绍兴羊山石修筑，推测民国重建此塔时未利用前朝塔上石料。塔上每一层都画出了门样，似乎为仿砖木结构的塔。

现存安澜塔为小型仿木结构实心石塔。六面，残高六层，高约6米，须弥座基石，塔身以条石砌筑，塔檐用条石琢成，并略有升起，六角起翘，瓦楞粗犷，塔顶已残，第二层镌有"民国四年四月榖旦""永庆安澜"铭文。建筑小巧玲珑，造型美观。

安澜塔近景

水印嘉禾

海塘千字文文字号碑

解读古代海塘管理制度

海塘千字文文字号碑

及字号

盖字号

此字号

身字号

身字号

现存的海塘千字文字号碑位于海宁市长安镇老盐仓、许村镇红旗村及海宁市博物馆。明嘉靖二十一年（1542），水利佥事黄光升首创以营造尺 20 丈为一号（约 64 米），按《千字文》字序编定海盐县石塘号次，共编立 140 号。清乾隆二年（1737），总理浙江海塘事务的嵇曾筠仿海盐做法，按《千字文》字序，剔除"洪""荒""毁"等字义不祥的字，以县为单元，测量统编各县海塘塘号，亦以 20 丈为一号，在塘顶附土内侧树立石碑，上刻字号、塘型和长度，并随塘身改建、塘型变更而更改。其中海宁海塘编为 640 号，从此开始了以《千字文》来分段管理海宁海塘的历史。清代全面测量海塘，以《千字文》字序来标塘段，对明确海塘塘型和具体地段位置作用明显，是海塘管理制度的重要组成部分。直到 1958 年，改以里程代替传统字号。

海宁海塘沿线现存字号碑分布于长安镇老盐仓和许村镇红旗村，共有"堂"、"及"（双）、"盖"（双）、"此"（双）、"身"字号碑 8 块，皆为清代制，格式为横书某字号，以标塘段；纵书某工二十丈，以表明塘型和长度，如"及字号，鱼鳞工二十丈"，表明此段海塘为鱼鳞大石塘，长二十丈。其中"及""盖""此"等字号皆有两块石碑，表明此处为外柴塘内鱼鳞石塘的双塘结构。另海宁市博物馆征集有清代"论"字号碑和民国"俊"字号碑。

海塘千字文字号碑——身字号

海塘千字文字号碑——俊字号

秋晚由震泽松陵入嘉禾道中作 〔明〕祝允明

晚发西南郭，秋深雨气偏。

人家低似岸，湖水大于天。

日崦长如阁，风樯不用牵。

辞燕还入越，才费半流年。

嘉水安澜

一

秀水泱泱

秀水

〔宋〕张尧同

好景明于昼，长浮五色波。

一竿吾欲钓，来此听渔歌。

　　清代后期嘉兴知府许瑶光为《光绪嘉兴府志·山川》所作的序言中概括了嘉兴的水系特点："浙西杭州半山半水，湖州亦然。嘉兴水多山少，实为泽国。然澉浦、乍浦滨海皆山，则知扶舆盘郁于东南之气，固不任其坦然而无所蓄聚也。惟他郡以山源水，嘉郡以山障水，异矣！汇为河，停为湖，为荡、为漾，分为泾、为港，澄为潭、为池。而所以防其泛滥，达其程途者，则有塘。塘莫大于海，此兼志海而海，塘则别为志，以其关水利，为最巨也。"

嘉水安澜

环城河

八水汇聚绕禾城

嘉兴界

平野无山尽见天，九分芦苇一分烟。

悠悠绿水分枝港，撑出南邻放鸭船。

〔宋〕叶绍翁

环城河（通越阁）

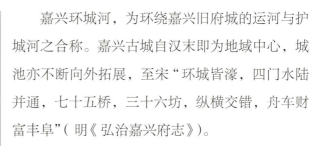

嘉兴环城河，为环绕嘉兴旧府城的运河与护城河之合称。嘉兴古城自汉末即为地域中心，城池亦不断向外拓展，至宋"环城皆濠，四门水陆并通，七十五桥，三十六坊，纵横交错，舟车财富丰阜"（明《弘治嘉兴府志》）。

由于自然条件的改变和城市建设的推进，曾在旧城中居主导地位的市河网络已填没殆尽，仅环城河留存，已是名副其实的城中河，总长 6.6 千米，由杭州塘、濠河、秀水以及西南湖等河流组成。其中杭州塘为京杭大运河嘉兴段的一部分，自嘉兴市区西丽桥转北至北丽桥，经分水墩，一路向北入苏州塘，一路向东入秀水，长 2.2 千米。秀水原为护城河东段，北起北丽桥东分水墩，转东通长水新河至濠河，长 1.45 千米，曾多次疏浚，

环城河（壕股塔）

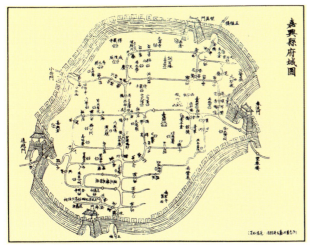

嘉兴县府城图

环城河（分水墩）

1980 年命名为秀水，与古秀水不是同一条河流。濠河原为城南护城河，西起西南湖，东至狮子汇，与车站河、秀水相交，长 1 千米，宽 50 米，1969 年拓宽，1981 年命名为濠河。1996 年和 2004 年，北郊河和南郊河先后开挖，又形成嘉兴新的环城运河，即"外环河"，总长 24.1 千米，其中北郊河以京杭运河杭州塘北岸嘉北街道殷秀村荷花池为起点，穿越嘉北、栖真、塘汇，至三店塘塘汇街道三家村，呈半环形环绕嘉兴市区西北外围，长 13.4 千米，为运河新航道。1999 年，嘉兴北郊河贯通后，原环城河成了"内环河"，基本断航。

嘉兴环城河四周与市域 8 条河流相汇合：杭州塘、新塍塘、长水塘、海盐塘自西南方向流此汇集，三店塘、苏州塘、平湖塘、嘉善塘则引来水向东北下泄，构成四进四出的特色汇泄系统。嘉兴环城河历来是运河主干道，也是嘉兴涝水外排的关键节点，历代治理不遗余力。中华人民共和国成立后，投入大量的人力、物力使河道畅通、水质清洁，河道两侧堤岸护坡均以块石水泥浆砌。20 世纪末至 21 世纪初，嘉兴市水利管理处疏浚环城河，以确保市河水质。

上塘河

江南运河南段主航道

暮春上塘道中

店舍无烟野水寒，竞船人醉鼓阑珊。
石门柳绿清明市，洞口桃红上巳山。
飞絮著人春共老，片云将梦晚俱还。
明朝遮日长安道，惭愧江湖钓手闲。

〔宋〕范成大

上塘河为古陵水道的一部分，它是嘉兴运河水系南部沿钱塘江北岸的一条东西向骨干河道。海宁谈家埭排涝闸、盐官上河闸及杭嘉湖南排枢纽盐官下河等工程实施前，上塘河由杭州艮山门流至海宁长安，经二十五里塘至海宁盐官，再东延至海宁袁花、黄湾。至 2010 年，上塘河自杭州施家桥至海宁盐官镇盐官上河闸入钱塘江，全长 50 千米。盐官古镇以东至黄湾闸口今称新塘河，再北折至袁花镇称黄山港，同属上塘河水系，盐官下河开通前与上塘河连通。隋大业六年(610)，隋炀帝下令拓浚江南河，上塘河为江南河南段。北宋称运河、运盐河。上塘河从海宁长安镇至盐官古镇，称为二十五里塘河。

上塘河在元末新开河开通以前，是江南运河

南段主航道，为保证通航与农田灌溉，历代都对上塘河水源地及河道进行治理。南宋时，上塘河是连接都城与长江、淮河流域以至抗金前线的重要运道。元末张士诚开新河，运河主线改变，但仁和、海宁两县田土水利仍有赖于上塘河。清同治六年（1867）十一月，巡抚马新贻令浚临平湖，自临平赤岸至海宁长安，开河 7700 余丈，次年二月完工。同治六年至七年（1867—1868），浙江巡抚杨昌浚筹款疏浚临平至长安河道及支流，并修整塘闸，费九万七千缗。

1927 年，疏浚上塘河海宁县县城（今盐官古镇）北门外至长安令公庙段，由省水利局设立工程事务所施工。1931 年 1—7 月，疏浚上塘河长安至许村段。

中华人民共和国成立后，对上塘河进行了多次疏浚和全面治理。现上塘河从海宁市盐官镇至杭州市艮山门外施家桥，全长 48 千米，其中海宁市境内始自盐官镇，至许村镇吴家堰与上塘河余杭段相接，全长 22 千米。

上塘河及排涝闸

浙水遗韵

水印嘉兴

乌镇市河

最美水乡的灵魂

双溪环合一河通，西岸乌程东岸桐。
只有儿家无系着，船头随意泊西东。

〔清〕陆世垛

乌镇市河

乌镇地处京杭大运河的节点位置，并发展成为江南很有影响力的水乡集市。古代乌镇的对外交通是京杭大运河，然而很少有人知道乌镇的内部交通靠的是市河。以市河为主轴，沿河分布诸多古民居以及码头。远远望去，整个乌镇宛如从水的世界漂浮而出。如果说京杭大运河催生出江南水乡古镇的话，那么乌镇发展的主动脉就是市河。有了京杭大运河与乌镇市河后，才有了浙江最美水乡的灵魂。

据史书记载，乌镇市河在春秋时期就已经有了，它北与澜溪塘相连，南与金牛塘、白马塘相接，全长有 4.21 千米。据 1990 年《桐乡文史资料》第九辑载：乌镇市河过去是桐乡市河水外流的主要道口，如若不定期疏浚，极易造成水灾。1948 年，在舆论压力下，当时的国民党政府成立了浙江省拓浚乌青镇市河筹备委员会，筹备乌青镇市河疏浚事宜，后不了了之。1951 年春，桐乡县人民政府在百废待兴中做出拓浚市河的决定，把宽度从 6—8 米拓宽到 17—18 米，解决了当时的引水排洪问题。1966 年冬，开始乌镇市河的第二次拓浚工程，使市河宽度达 50 米，底宽 18 米，大大改善了桐乡的水利条件，乌镇市河从此获得新生。

发达的水运和富庶的农耕经济使得乌镇成为杭嘉湖平原重要商埠，全镇以市河为主轴，纵横交错的河流让乌镇有了灵魂。无论走在哪里都能找到画卷一样的风景。市河没有具体的

乌镇市河（俯瞰）

位置，它涵盖了整个乌镇的西栅的每个角落，相当于人体的血管。市河与京杭运河的分界线是以白莲寺塔为标志，登上宝塔后可俯视京杭运河与市河的风光。

在操舟荡楫的历史中，乌镇人心中的这条母亲河，以它不息的奔流，推动着历史的进程，沉积着历史的文明。在橹桨的欸乃声中，两岸户口日繁，烟火万家。在"扳梢""推梢"的叫喊声中，摇出的是一个个鲜活故事。

崇福市河

崇德县城的护城河

沵水安澜

崇福市河

崇福市河（俯瞰）

　　崇福市河，位于桐乡市崇福镇，全长 6.2 千米。具有行洪排涝、交通航运、灌溉供水、保持生态环境的综合性功能。

　　崇福段运河航道原贯穿镇区南北，为直塘。明嘉靖年间，闲居在乡的右通政吕希周会同知县蔡本端奉檄复筑县城于镇周，改运河直塘为"九弯兜"，纡缓绕城，与护城河合一，以水为障，便于通漕，利于防守。民国《石门县乡土历史》载："运河原无坳，特开成屈曲，使水势纡缓绕城，民得水利，赖以殷阜。"

　　有关崇福市河的开挖，民间还有一种说法：
1556 年，倭寇趁崇德城墙尚未竣工之机，破城
而入，大肆掳掠财物，残害百姓。击退倭寇侵扰
之后，上级责令崇德知县筑城防倭。当时赋闲在
家的京官吕希周极力主张运河改道，环绕全城，
以水为障。当年年底，全长七里余三十步（约
3520 米）的护城河修筑完工，古运河自城北接
入护城河，绕城如带，既能通航，又利于防御。
当地民间留下"崇德吕希周，直塘改作九弯兜"
的顺口溜。

　　如此一改，运河到崇德境内便有了一条特别的人工曲线。这一改有利有弊，其利——防御敌寇侵扰，其弊——行船极不便。由于河道弯多，河床狭浅，易淤塞，再加上下游水位差较大，水流湍急，行内有"船老大好当，崇德弯难过"之说。崇福市河变成了运河古道，因此，处于弯兜上的司马高桥得以保存下来，成了嘉兴境内仅存的几座运河古桥之一。

　　20世纪90年代后期，对运河实施改线和老运河改造等工程。1997年11月，杭申线、京杭运河航道改造工程——崇福市河改线工程正式启动，运河新道改线完成后，境内段长4.6千米，绕出崇福镇区，从北三里桥至马家桥港。此后，境内运河乃有"三河并流"之称。

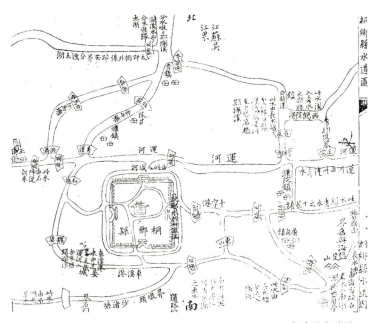

桐乡县水道图

长水塘

流淌千年　水润民心

晓过鸳湖

晓风催我挂帆行，绿涨春芜岸欲平。
长水塘南三日雨，菜花香过秀州城。

〔清〕查慎行

长水塘

钦定四库全书

嘉兴县 城外 河道

海盐塘河 在县南五里自漊湖南通海盐县

嘉善塘河 在县东由白莲寺而东三十五里至嘉

善

平湖塘河 在县东南直达平湖

浙江通志
卷五十四

谨按嘉禾一郡地势平衍故鲜堤塘惟海盐地形稍高水之所注西北流百余里而至嘉兴合秀水又……派东派五十余里至平湖而入于卿其间支分派别交错郷间为港为浜不可胜计农民车灌田雖至大旱浜皆竭而三河之水未尝乾涸是萬顷膏腴无不赖三河以为命也然有备而岁常丰稔矣……

横塘 南直抵海塘……

漢塘 在县东十里又名新……

華亭塘 在县东二十五里……

魏塘 在县东十里通……

伍子塘 在县东二十五……

長水塘 在县南六里通硖石市……

黑塘 晋山西通横塘长水塘又名練塘

麒麟塘 在县东南九里通漢塘

練浦塘 在县南十五里东……

《浙江通志》中记录了长水塘

长水塘，古名长水，源自天目山和东苕溪，长 26.2 千米，平均水面宽 80.6 米，是嘉兴境内最古老的河流。长水的最早记载可追溯到春秋时期，但没有长、宽和形成时间的确切记录。

长水源自夹谷，经戈山到鸳鸯湖，穿过嘉兴古城区通穆河溪，连接吴国国都，通太湖。古时长水是南下钱塘，北上东吴的商旅要道，两岸风光秀丽，历代有许多赞美吟咏长水的诗篇，明代"长水飞帆"为嘉禾十景之一。明沈尧中的《长水飞帆》诗云："南国长溪一望平，天风吹送数帆轻。"清代查慎行诗咏长水"两岸胧胧桃李花，一天风露属渔家。小船卧听棹歌去，行到鸳湖月未斜"。朱彝尊晚年居住王店曝书亭，经常往来长水，情有独钟，写了许多长水的诗，其中《长水晓行》中有"月暗千重树，风微一叶舟"的诗联。

近代，长水塘是嘉兴至海宁的主要航道，每天客轮、货船络绎不绝。《民国嘉兴新志》载：长水塘"更九里至王店镇西侧，又北流九里至新塘桥，稍迤东北流四里至马王塘桥。分东西二支，其正支出大马王塘桥，北流九里，经秀水桥，长水桥，更三里至野猫洞，入鸳鸯湖。其旁支出小马王塘桥西北流，会九里港西南来水，经真如塔之东入鸳鸯湖"。

1949 年后，长水塘交通依旧繁忙，更是嘉兴海宁之间南北水利的命脉。1967—1969 年建设的长水塘治水工程，疏浚贯通长水塘，拓宽环城东河，开挖长水新河，长水塘全线筑起护塘堤岸，加大了南北河流排水引水量。进入 21 世纪，随着嘉兴和海宁两座城市的拓展，长水塘南北两头市区段河流不再通航，逐渐成为嘉兴和海宁两市市区自然生态景观河流，还建有长水塘水利枢纽。

长水塘（俯瞰）

嘉水安澜

伍子塘

纵贯嘉善　通衢四方

九日游柳洲亭二首（其一）

伍相遗踪何处寻，伍塘堤畔柳阴阴。
渔舟未解西江剑，一饭空投下濑金。
都郡故存宗国计，无疆终殒报吴心。
恩仇千古英雄泪，夜夜风涛泣至今。

〔清〕支大纶

伍子塘

《浙江通志》中记录了伍子塘

据清代《光绪嘉善县志》记载，春秋吴王阖闾伐楚年间，吴大夫伍子胥为泄水、通楚饷道及运盐以富国，开凿伍子塘。伍子塘南面接通今平湖塘、海盐塘，经魏塘，北连接祥符荡。明嘉靖三十三年(1554)，为防御倭寇侵犯，兴工筑城，魏塘段废，伍子塘分为南北两段。目前，伍子塘南段南起嘉善、南湖交界，至嘉善塘（魏塘市河），北段从 G320 国道北至茜泾塘、陆斜塘，全长 14.21 千米，河宽 69 米。伍子塘这条古老的人工运河，依然是嘉善境内南北向重要的航运和水利通道，纵贯嘉善，通衢四方。

伍子塘在嘉善县境内流淌了 2500 年之久，见证了城市的繁荣与发展。在古代，盐的生产、运输和售卖都是被严加管理的，伍子塘的挖掘，带来了发达的盐运，同时也带动了沿河烧窑业、农业的发展，兴盛了嘉善这座城市。

伍子塘为嘉善带来繁荣经济的同时，也为嘉善带来了以"柳洲八子"为代表的柳洲词派。清光绪年间重修的县志中"柳洲亭"条有载，"崇祯间，钱继振、郁之章、魏学濂、吴良中、魏学洙、魏学渠、曹尔堪、蒋玉立每月于此会文，邑侯李陈玉题其堂曰'八子会文处'"，成了嘉善历史文化独有的光荣。

嘉水安澜

海盐塘

杭嘉湖南排骨干河道

横塘道中

一舸凌风去，萦纡几度村。
水清鱼引子，田美稻生孙。
山近尘埃远，秋晴枕席温。
悠悠迷处所，疑是武陵源。

〔宋〕何昌弼

　　海盐塘，又称盐嘉塘，古称官塘、横塘，南台头闸开通后，武原段河道又称南台头河。盐嘉塘为唐代首开，起始端在嘉兴南湖，河流总趋势是西北东南向，先向南流与南郊河交汇，后在海盐县于城镇折向东南流；左岸先后与余丰塘、罗汉塘、古荡河连接，右岸先后与大横港、百步亭港、吕冢港、里洪塘连接，再东南流至海盐县武原街道城南村，经南台头闸入钱塘江，河流长度37千米，河道宽度29.2—50.5米。《浙西水利备考》载："海盐塘源于海盐西南境澉浦诸山，及上谷、秦溪、招宝、乌坵等水汇流，经欤城，东下为横塘，入嘉兴境至澉湖，与鸳鸯湖水合。又乌坼塘与天仙河水南合胥桥、东合陶泾以入汉塘，此海盐塘之原委也。"

南宋淳熙九年（1182），海盐知县赵善悉动员民夫疏浚官塘（海盐塘），修浚33里274步。1930—1931年，疏浚盐嘉塘。1946年，开挖海盐塘两处阻水段，整修北段塘堤10千米。

中华人民共和国成立后，多次疏浚。1967年8月，疏浚海盐县半路亭、黄塘闸两处狭浅阻水段。1968年，用机器疏浚海盐县天宁永祚禅寺至天仙湖段。1971年，机挖半路亭、黄塘闸段水下土方。20世纪80年代后，在实施杭嘉湖南排工程时，又将海盐塘列入南台头排涝主干河道，进行了多次疏浚。1993年6月，在武原镇南钱塘江边建成南台头闸。至2010年，为杭嘉湖南排工程骨干河道。

海盐塘

浙水遗韵

水印嘉兴

嘉水安澜

平湖塘

唐代中期的人工河

鸳鸯湖棹歌

花船新造水中央，晓发当湖溯汉塘。

听尽钟声十八里，平林小市入新坊。

〔清〕朱彝尊

平湖塘平湖段

平湖塘，古名汉塘。据《新唐书·地理志》载：唐太和七年（833），刘禹锡在苏州刺史任上，发动民工开掘汉塘。汉塘引天目苕溪水达平湖，既为沿河两岸带来农桑之利，也分数脉为华亭盐碱地的灌溉提供水源。又据清《光绪嘉兴府志》载，汉塘"东通平湖，相传汉新丰人适于此，故塘名汉塘"。

汉塘是一条东西向的水上交通要道，起自嘉兴城内的南湖，经甪里河至东栅镇镇东会龙山分水，一支向北流入嘉善称魏塘，一支向东流入平湖称汉塘。东流经东栅、大桥、曹庄、步云、竹林、新丰、净相、曹桥、胜利诸乡镇，穿过平湖市区，注入东湖，经上海塘入黄浦江。

明嘉靖末年，曾任工科给事中、常熟知县、太仓知州、扬州府同知等职的冯汝弼出资筑汉塘堤岸 54 里，万历初年，修建土石桥、堰 40 余所，造福乡里，曾为整修汉塘做了不懈的努力。清乾隆三十五年（1770）又疏浚一次，使汉塘两岸农桑得到很好滋养。里人徐文潮因此诗云："汉水长流何处通，鸳鸯鹦鹉占西东。湖光潋滟多风雨，尽在遥遥一望中。""汉塘百里旧圻封，半是工商半是农。好占平林成小市，东西水汇两青龙。"

中华人民共和国成立后，汉塘又进行过多次大规模的河道疏浚，1970 年在新丰市河段 1.5 千米向南拓宽，并在南岸砌筑石护岸 2.5 千米。1992 年，乍嘉苏内河航道改造时，新丰市河段再向南拓宽，全线进行疏浚，在南岸重新砌筑 3

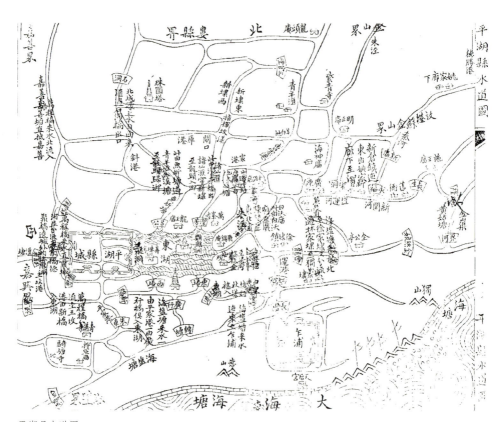

平湖县水道图

千米护岸，航道等级提高到国家五级航道标准，能通行 300 吨级的船队，使河道更加宽阔通畅。河水滋润着两岸人民，两岸人民长期与汉塘相依为命，与汉塘有着深厚的感情。

平湖塘南湖段

嘉禾安澜

嘉善塘

横贯嘉善东西
彰显嘉善活力

竹枝词

东风吹绿上垂杨，十里朱楼是武塘。
前辈画师零落尽，何人解写此风光。

〔清〕吕懿

嘉善塘嘉善段

嘉善塘南湖段

嘉善塘曾经是嘉善县唯一横贯东西的河道，穿越嘉善老城中心，是嘉善的母亲河。嘉善塘，古称华亭塘，亦名魏塘、武塘，据《嘉善水利志》载，南朝宋文帝元嘉年间，扬州刺史从武康引水东入黄浦，开凿华亭塘。嘉善塘分为四段：从嘉兴会龙桥（魏塘桥）至跨塘桥称上官塘；从跨塘桥至罗星桥称魏塘市河；从罗星桥至张汇称东官塘；从张汇至枫泾称枫泾塘。目前嘉善塘嘉善段长 17.18 千米，河面宽度 25—50 米，是嘉善县上承上游来水，下泄入泖排涝的主要河道；南湖段西起平湖塘，流经东栅街道、七星街道和大桥镇，东至嘉善县境，长 11.65 千米，平均面宽 53.56 米。2001 年 11 月，嘉兴市市区城市防洪工程的嘉善塘闸建成。2004 年，建设七星防洪工程，嘉善塘作为一个重要组成部分，全线建设了护岸和堤防。

历朝历代都非常重视嘉善塘的治理，在史书资料上都有翔实的记录。明嘉靖三十四年（1555），县令王察言为阻东流水势，募民于东门外下塘筑墩"罗星台"。清代康熙、道光、光绪年间都组织开浚魏塘市河。中华人民共和国成立后，在20世纪70年代拓浚市河，河面由原来的不足10米拓宽至25米，还利用东、西门大街的条石和旧桥石料新筑护岸。进入21世纪后，尤其是"五水共治"下，通过清淤疏浚、堤岸建设、生态修复、沿岸景观打造等一系列工作，嘉善塘沿线水环境大幅改善，已成为市民休闲娱乐的好去处。

三店塘

开堰成河 连通上海

长纤塘里水长流，白鹭二三更野鸥。
春秋闲卧祥云府，销尽红尘一半愁。

东方泽华

三店塘

三店塘嘉善段

　　三店塘，又名长纤塘，原名冬瓜湖塘、东郭湖塘、下塘，位于嘉兴市区及嘉善县境内，起自嘉兴城东，经南湖区进入嘉善县，至上海金山区境内，全长30.65千米。从明《弘治嘉兴府志》到清《光绪嘉兴府志》都仍称东郭湖塘。明《弘治嘉兴府志》云："东郭湖塘，在（秀水）县东北三里，旧云冬瓜湖塘，又名宋郭湖塘，以其在郡城东北，故以东郭为名。"

　　东郭湖塘是嘉兴主要的东泄入浦河道。据清《光绪嘉兴府志》卷十二载："冬瓜湖塘，一名东郭湖塘，在（秀水）县北三里，冬瓜湖堰，在（秀水县）北。周鼎善记略云，郡有大乡曰麟谋，地皆平田，而众流交络于中。其南则郡城之东郭长陂，横亘三十里，曰冬瓜湖塘。嘉兴府城东有支

三店塘南湖段

渠三，其中一东北流，通嘉善北境、崇福。""冬
瓜湖塘自城外钮家桥分水，东北流，有秋泾西来
入之，又东北有菜花泾南来入之，又东北出塘桥，
有乌桥港南来入之，又东北过塘汇镇，又东北至
高地村，有相家湖水南来入之，又东北至运泾港
入嘉善境，自郡城至此凡二十一里，此与乃郡境
诸水趋艮之尾闾也。"

冬瓜湖塘历史悠久，自古便是嘉兴涝水东泄
的主要通道。唐贞观八年（634），崇长港航道
开通后，杭州塘汇聚东南沿海集水和天目苕溪客
水奔涌直下，虽经杉青堰阻挡和分水墩分流为
三，但由于嘉善北境地势低洼，所以水流仍然峻
急。于是，便在冬瓜湖塘筑堰阻拦水流，平抑水
位，为地势相对较高的今平湖地区输送水源。据

史料记载，隐居江南的唐代诗人张祜（约785—849）曾任冬瓜湖堰税官。他死后，其子虞望，求济于嘉兴监裴洪庆，署之冬瓜堰官。而张祜"憾牛户无礼，实欲鞭笞"的记载表明，冬瓜湖堰是以水牛牵曳船舶过堰的"牛埭"。南宋建炎年间发生的"苗刘之乱"，嘉兴诸多堰埭被掘毁。南宋德祐年间（1275—1276）又遭元军摧毁。"南宋建国武林，苗、刘之乱，下乡诸堰悉被疏掘，水皆洩去，上乡河梁浅窄，莫能储蓄，岁遇旱漠则有桔槔之害。其后，元伯颜下江南，堰开掘殆尽，不能再复，深为后患。"所以，至元代，冬瓜湖堰已经废弃。

三店塘此名应该始于明代。至迟在明嘉靖年间（1522—1566），三店已形成集市。据清初顾祖禹编撰的《读史方舆纪要》记载："三店，在府东南。嘉靖三十四年，官军击倭于吴江之平望，倭败走三店，官军复邀击，败之。"所谓三店，即茶馆、杂货店和豆腐店，即很小的一个集市，形成于明代。清《光绪嘉兴府志》云："三店，（嘉善）县西四十里，亦成十家之市。"由于东郭湖塘在此与杨庙港交会，并进入嘉善县境，因而便有了三店塘的名称。而长纤塘之名似乎更晚，因古时行船逆水时需要拉纤，岸边设有纤道，而且里程较长，所以又被唤作长纤塘。

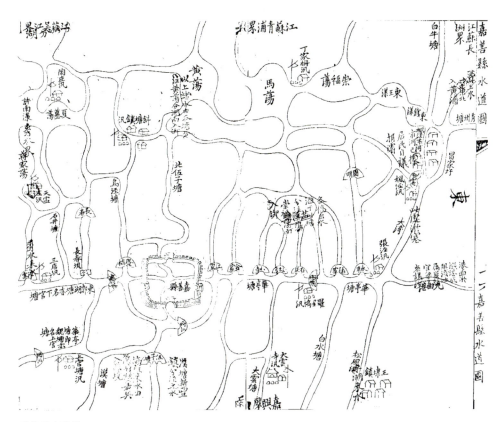

嘉善县水道图

澜水安澜

澜溪塘

江浙界河　水运干线

寓烂溪留别

春水没江堤，舟行觉路迷。
云横孤岛外，花落小桥西。
绿酒归人醉，青山落日低。
伤心南浦别，方草正萋萋。

〔宋〕吴亿

澜溪塘

澜溪塘

　　澜溪塘系江浙边界河流，流经苏州、嘉兴两市交界地段。据《嘉兴市志》记载：澜溪塘，五代吴越时开。此塘古时"两岸俱栽枫树"，红叶烂漫，因而得名。澜溪塘汇集了新市、练市、石门等地来水，经桐乡市乌镇附近的金牛塘、白马塘、横泾港汇入乌镇市河，从分水墩起向东北流经秀洲区新塍镇，在江浙两省交界的鸭子坝进入江苏省境内，出省境后流经江苏省吴江市的盛泽镇、平望镇入草荡汇太浦河。澜溪塘河道走向地势顺畅，是杭嘉湖平原主要排涝泄洪和引水河道之一。澜溪塘入江苏境主流北上，经南草荡北穿新运河大桥入太浦河；东北穿莺湖桥入莺脰湖，分别从京杭运河、翁沙路入太浦河；部分水流在鸭子坝至南草荡之间东泄经东济港、白龙桥港、鸡鸭港等入华沙荡，经大坝水道等注入现太浦河穿行的杨家荡、太平荡、木瓜荡和汾湖等。浦南众湖泊均是澜溪塘的承泄调节区。

澜溪塘由于自然水深，历代少有疏浚。1954年，桐乡县新建、民西两乡组织民工整治河堤。1967年至1969年砌块石护岸5.3千米。1997年起，交通部门在京杭运河浙江段航道改造工程中对澜溪塘进行了全线改造。

澜溪塘

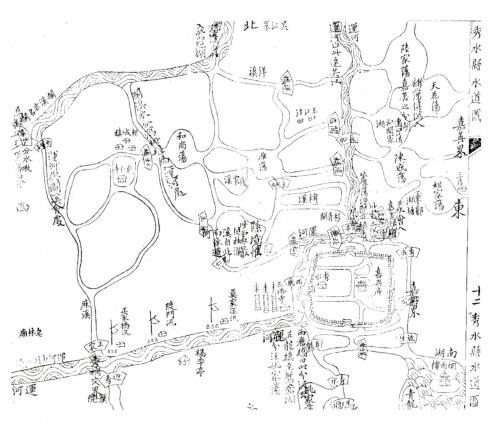

秀水县水道图

沼水安澜

南北湖

湖山融沧海　一揽天下奇

中秋泛永安湖

青山影里进扁舟，海色湖光并作秋。
午夜云涛悲玉笛，九天雨露湿琼楼。
直凌牛斗同清泛，应有鱼龙识醉游。
万里长空传浩啸，泠然鸾凤在沧洲。

〔明〕董沄

南北湖

湖光山色

《浙江通志》中记录了永安湖

南北湖，古名永安湖，亦名澉湖、高士湖，是我国唯一集山、海、湖为一体的风景区，位于杭州湾北岸海盐县境内。南宋绍定三年（1230）《海盐澉水志》卷三"水门"中记载："永安湖……四周皆山，中间小堤，春时游人竞渡行乐，号为小西湖。"

南北湖之水来自周围诸山的泉瀑溪涧，有孟姥泉、雪窦泉、西涧和淋涧。南北湖之水经北湖闸流出，在古代自成水系。清代《澉水新志》曾经记载："中河，自永安湖闸口而下，东过吴越王庙前分为两支：一支西北流，自王家桥至孙家堰；另一支东南流，过八字桥经'十字漾'……统计河、浜、溇，凡五千九百七十九丈五尺，阔狭不等。"

南北湖三面环山，一面临海，面积约35平方千米，地处杭沪苏甬等大中城市的中心地段，

永安湖图（明嘉靖《续澉水志》）

位于海盐县武原镇西南，距上海120千米，杭州80千米，苏州110千米，地理位置优越，交通便捷。南北湖风景区以南北湖为中心，东起长山，西至海宁界，北邻六里堰集镇，南濒杭州湾，由湖塘、三湾、鹰窠顶、谈仙岭、滨海五大景区组成。一堤横卧，分湖南北，不深却曲折，其间有岛；湖的南端是海，闻名中外的钱江潮就在此形成，既能欣赏钱江潮源、石帆蜃气等奇景，也能海边拾趣；湖的四周山体连绵，松、竹、茶、橘……近翠远黛，簇拥一池碧水，可谓湖光山色，一片诗情画意。登山至鹰窠顶，将山海湖尽收眼底，农历十月初一，更可观东南奇景"日月并升"。南北湖春日桃红柳绿，百花争艳，茶树吐新；夏天万木垂荫，荷花竞放，湖海浪游；秋季遍野金黄，丹桂飘香，橘压枝头；冬时鹰窠晴雪，苍山皑皑，山海湖浑然一体。

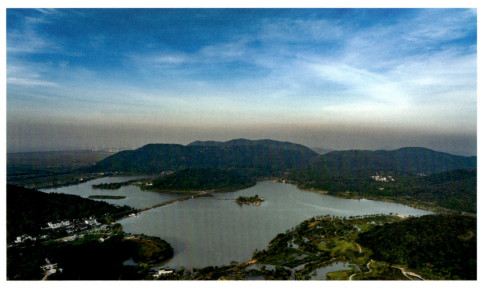

南北湖（俯瞰）

祥符荡

孕育世界级科创绿谷

皂林古驿

万顷祥符荡，今朝载酒过。
日熏人易醉，风静水无波。
客路争摇桨，渔舟漫晒蓑。
到家明月上，舞袖正婆娑。

〔明〕吕 屏

祥符荡

祥符荡（俯瞰）

祥符荡是西塘的起源之地，春秋时期，伍子胥兴水利、通盐运，引胥山之水入祥符荡。传说北宋真宗大中祥符年间，有一户姓唐的大户人家迁到荡边居住，他们看到这个湖荡风景秀丽，盛产翠鸟和红菱，这两物为吉祥之物，又恰在祥符年间，就以"祥符"两字称呼这个湖荡。"祥符"，乃祥瑞的符命，表福、禄、寿之意，富有祥瑞满溢之气。

祥符荡，位于嘉善县西塘镇、姚庄镇，历史上汇县北诸水，原总面积2.533平方公里。荡中风急浪高，时有船覆。光绪二十二年（1896）在天字圩与金字圩之间，用碎乱砖堆坝两百余丈，首次形成祥符荡坝。民国十二年（1923）省政府拨款重修，民国二十二年（1933）碎砖坝改建成块石坝，民国三十六年（1947）6月重修。1982年3月再次重修，坝身用水泥块石灌浆浇合，坝长655米，坝基宽6米，坝面宽2.5米，坝高3米，北沿防浪墙高0.4米，另建有拱桥和凉亭，投入13000余工，投资4.5万余元。1983年，西塘公社对846.78亩的中祥符荡围垦改造后，将祥符荡一分为三，南祥符荡水域面积0.60平方千米；北祥符荡水域面积1.18平方千米。《嘉善县水利志》载："光绪二十二年（1896），邑孝廉张义增、顾福臣等提议，经县令江峰青允准，在天字圩和金字圩之间，使用乱砖堆坝200余丈，形成祥符荡坝，以抵御风浪，是年动工，光绪二十三年（1897）竣工，耗银6000余元，待数

祥符荡景色

年后加固又费 1700 余银元。"

　　祥符荡石坝位于嘉善县西塘镇东汇村储家汇西至金明村吴家栅南，西面起点是金明村吴家栅围河水闸。石坝占地 1638 平方米，为东西走向，后几经修筑加固，并在坝的中段新建祥符荡石碑及碑亭 1 座。祥符荡石坝为研究我县古代的水利设施提供了可靠的实物依据。2004 年 1 月被列为嘉善县第一批县级文保单位。

　　在国家三角一体化发展战略下，风光秀丽的祥符荡，不仅是旅游、休闲的好去处，更孕育着一个世界级的科创绿谷。位于江南古镇西塘东部的祥符荡，围绕"生态＋旅游＋科创"的开发理念，通过新开水面，联通水系，美化水环境，将祥符荡区域与古镇东区连接，扩展西塘旅游游览空间；同时以祥符荡为中心，融合西塘古镇，联动汾湖、沉香荡、马斜湖等，打造祥符荡创新绿

祥符荡文保点

谷，以创新经济、数字经济、高端教育、高端商务为主导产业，努力创建一个世界级的科创绿谷。

一九八二年重修祥符荡石坝碑记

祥符荡水域三千八百余亩，汇县北诸水，荡中风急浪高，时有船覆。清光绪廿二年（1896）由邑人张义增等发起，于南部建坝。得嘉善县令江峰青赞助，募款六千余金，翌年坝建成。1912年6月，嘉善县议会第四次临时会议决，拨款七百元重修。尔后，虽几经修缮，终因块石失散，人行艰难。

1981年12月，经西塘公社第四次人民代表大会提议，呈嘉善县人民政府核准，重修石坝。公社修坝领导小组会同县水利局，进行全面勘察，制定施工方案：先修坝，后修桥。集民工63名，自1982年3月动工，其间，全社共产党员、共青团员，载泥达千余吨填坝，1983年10月全部工程竣工。共投入一万三千余工，费资四万五千余元。

石坝东起东汇大队，西接金明大队，全长六百五十五米。坝基宽六米，坝高三米，坝面二点五米，北沿防浪墙高零点四米，坝身用水泥、块石灌浆浇合，并重建小桥、新建拱桥、凉亭。

里人江蔚云、王慕仁书，杨来余刻

（载嘉善县《西塘镇志》）

祥符荡石坝碑

汾湖

吴越界湖　风景胜地

胥滩古渡

斜日胥滩吊子胥，英灵千古岂真无。
云开山口如吞越，潮怒江心似恨吴。
甲冷鱼鳞埋雪苇，带销龙气堕烟芜。
三忠祠近须停棹，拟把椒浆奠一壶。

〔明〕王庭润

汾湖霞光　王伟刚摄

汾湖是一个历史悠久的湖泊，古时亦名"分湖"。根据《分湖志》记载，春秋时代分湖北属于吴，南属于越，所以有分湖之名。宋代张尧同的《分湖》一诗中也明确写道："如何一湖水，半秀半吴江？"可见当时已经有"分湖"一名，并且汾湖还是吴、越的界河。

汾湖，位于嘉善和吴江交界处，湖东西长 6 千米、南北长 3 千米，嘉善县内水域面积 3.88 平方千米，其中内汾湖水域面积 1.04 平方千米（含汾坑荡面积），外汾湖水域面积 2.84 平方千米。实施太浦河（浙江段）工程时，为防止洪水侵入嘉善，穿湖筑堤，将汾湖一分为二，汾湖穿湖堤全长 2951 米。

汾湖风光旖旎，物产也极富盛名，最有名的要数"汾湖三宝"，即汾湖蟹、甲鱼、鳜鱼。《嘉善县志》载，分湖"周二十余里，中产蟹，紫须，殊美"。因"子胥"与"紫须"是谐音，当地人又非常敬佩伍子胥的为人，就把这种有着特殊标志的汾湖蟹称为"子胥蟹"。汾湖蟹平均每只重约 100 克，最大的重达 350 克，其滋味远远比普通蟹鲜美，煮熟后"蟹封嫩玉双双满，壳凸红脂块块香"。

作为吴文化的发祥地之一，汾湖文化可以追溯到 2500 年前。早在春秋战国时期，分湖就是吴、越的界河。相传伍子胥大军由汾湖北岸渡湖至东南石底荡口，结水寨于此，以备越兵，后称胥滩古渡，又称伍子滩。

汾湖　重修嘉善县志（光绪）卷

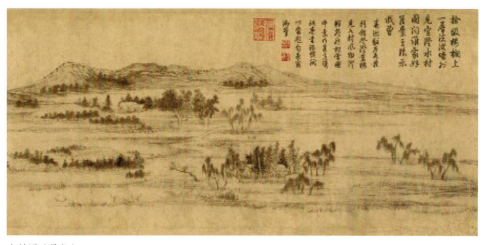

水村图（局部）

渔父图（局部）

宋元时期，汾湖已成为江南有名的风景胜地了，许多文豪大家纷纷来到这里。元代的大画家吴镇、盛懋等都画过许多渔村、渔隐、渔父图，他们都来过汾湖，湖边的青青芦苇，水村茅屋，清风悠然的自然风光给他们留下了深刻的印象，在他们的作品中多有反映。著名的书法家赵孟𫖯创作的《水村图》已成为国宝级文物。元代四大画家之一的吴镇，画过许多有关渔村、渔隐、渔父的图；其《渔父图》更是中国隐士文化的代表作，在图中题词中写道："兰棹稳，草衣轻，只钓鲈鱼不钓名。"

明、清时期，汾湖四周已形成了丰厚的文化底蕴，周围方圆百公里流行的田歌，体现了汾湖文化的独特风韵。明末清初的冯梦龙，在太湖流域收集的大量民歌，多是在汾湖一带的市镇和农村采集的。到了清代后期，这些俚歌俗曲，经加工后又返传到汾湖一带，成为具有江南特色的水

内外汾湖及泵站

乡民俗文化。

1920年12月，柳亚子泛舟汾湖，想重辑《分湖全志》，因工程巨大终未成愿，抱憾终身，但也留下了又一篇《游分湖记》。新民主主义革命取得初步胜利后，柳亚子先生思念故乡，在北京写下了《感事呈毛主席》，里边有一句"分湖便是子陵滩"，意思为思家心切，毛泽东回了一首《七律·和柳亚子先生》劝他留在北京共事，毛泽东与柳亚子唱和的诗坛佳话，更使汾湖增色添辉，名扬天下。

"浙水吴山入画无，诗人今古属分湖。"吴根越角之地的汾湖美景引得文人墨客在此流连忘返。从明开始，便有"汾湖八景"。如今，湖四周著名的古景观有"蒲滩鸳浴""平湖书院""胥滩古渡""朱桥牧笛""汾埂渔舟""巡楼更韵""泗洲晓钟""汾泽龙潭"；新开辟的水上景观主要有"汾湖柳堤""蒲滩休闲""船闸风光""观音拜佛""百舸争流"，等等。

在近日，嘉善县王凝圩区汾湖泵站从全省众多参评工程中脱颖而出，成为浙江省第一批水工程与水文化有机融合的13个典型案例之一，也是嘉兴市唯一一个入选案例。汾湖泵站和嘉善水利陈列馆已成为汾湖风景区的亮点和特色展示点，泵站与周边汾湖运动小镇、三公里特色长堤有机结合，"泵站—陈列馆—体验区—汾湖景区"构成了具有嘉善本土文化特色的水利风景区，成为一个充满地方文化符号的特色水利工程。

嵩水安澜

崇长港

百尺渎——江南运河文化的曙光

崇德道中

暖日菜心稠，晴烟麦穗抽。
客心双去翼，归梦一扁舟。
废塔巢双鹤，长波漾白鸥。
关山明月到，怆恻十年游。

〔唐〕戴叔伦

崇长港（长安塘）

崇长港（长安塘）

　　崇长港，现在叫长安塘，据考证，为古运河的一段，是开凿于春秋时期的陵水道，全长 3.149 千米，南起盐官下河，北至崇福市河，主要为行洪排涝，灌溉排水的功能。古时，该河道还有航运作用，是通往海宁最近的水道。

　　战国时，今嘉兴至绍兴已有吴越水道贯通，长安塘为越水道中一段。《越绝书》卷二载："秦始皇造道陵南，可通陵道，到由拳塞，同起马塘，湛以为陂，治陵水道到钱唐，越地，通浙江。"元《至元嘉禾志》卷五十一载："隋大业六年，敕开江南河，自京口至余杭八百里，面阔一十余丈。"此后，历代漕运、商贸、农业、水产等，皆赖运河以兴。

　　崇长港是嘉兴境内最早有确切记载的运河古道。其始建年代可追溯到春秋晚期,《越绝书·吴地传》载:"百尺渎,奏江,吴以达粮。"可见吴越时期就有了人工开凿的运河。据考证,它开凿时间为越王允常和吴王阖闾在位或更早的时间,因为公元前 496 年至公元前 494 年,吴越之间的两次槜李之战都是利用了这条已有的河道。还有记载称,公元前 482 年越王勾践开挖越水道,也就是现在的崇长港。古时的崇长港存在的价值是服务于战争,隋唐至元末成为主要的航运通道,是桐乡至海宁最近的水路,现今该河道已远离了过去的繁华热闹,仅余留一段历史。

崇长港(长安塘)

二

水工遗存

晓发嘉兴府

〔宋〕朱南杰

晓发嘉兴府，人家门未开。

闸关船侧过，水涨堰平摧。

浓绿暗官柳，肥红绽野梅。

城中箫鼓发，知是使君回。

　　除水害，兴水利，是历代治境安民的大计，直接关系到经济发展和社会稳定。嘉兴人民六千多年来的艰苦治水，为"江东一大都会"和"鱼米之乡、丝绸之府"的形成、发展以及经济社会的长期繁荣稳定，成为长江三角洲重要城市之一，奠定了重要的物质基础。

　　嘉兴市早期的河道控水设施主要是筑埭堰，用以渠化河段，调节水势，控制水流。唐贞观年间（627—649）上塘河沿岸就开始建造笕，即古代用竹管连接而成的简易涵洞，并在长安镇建长安闸。明《正德桐乡县志》载："古有堰，置于塘北泾口，因塘北地卑而泾深，塘南地高而泾浅；故堰以保障运河，使上塘支流不致枯竭。于时长安无坝，杉青有闸，江淮漕运舳舻相衔达于钱塘，故闸以积水盈，堰以护闸使不泄。"北宋元祐（1086—1094）以后，河道控水设施逐步发展成为以堰制水、以闸泄水、以复闸（古代船闸）通航的格局。中华人民共和国成立后，各级政府在疏浚河道的同时，对闸坝进行了全面整修改造，并在实施杭嘉湖南排工程、城市防洪工程和圩区建设中新建了一批闸坝工程。

　　为应对水、旱、飓风、海溢等灾害，宋代已有"树石测水"制度，近代水文始于清末和民国时期，中华人民共和国成立后，嘉兴市水文工作得到全面发展和长足进步，水文站网已遍及全市，建立了水文巡测线，以现代信息技术实现了水文遥测和自动监测，初步建成水文工作的系统化和现代化。

长安闸

蕴水安澜

沟通江南运河与上塘河的通航枢纽

长安闸（节选）

斗门贮净练，悬板淙惊雷。
黄沙古岸转，白屋飞檐开。

〔宋〕范成大

长安闸

长安闸（俯瞰）

　　长安闸位于海宁市长安镇，是古代连接长安塘（崇长港）和上塘河的一个重要水利枢纽。它采用三闸两澳复式结构，达到水量循环利用的工程目的。这是中国历史上最早使用"拖船坝"和"复式坝"技术的见证，是古代江南运河科技含量最高的船闸之一，也是我国古代领先于世界水平的先进水利技术的良好佐证。

　　《浙江水利志》记载，长安闸始建于唐贞观年间（627—649），原称义亭埭，南宋《咸淳临安志》也称，该闸"相传始于唐"，在"县西北二十五里"，"即旧义亭埭"。北宋时名长安堰，南宋及后世称长官堰、长安牐、长安闸等，间或

长安闸示意图

长安闸上闸现状（闸站正视图）

长安闸下闸闸槽考古照片

并称，还有长安新堰和长安坝之称。北宋熙宁元年（1068），长安堰改建成长安三闸，形成复式船闸，是沟通上塘河与江南运河（水位差1.5米左右）的通航枢纽，"上彻临平，下接崇德，漕运往来，商旅络绎"（清顾祖禹《读史方舆纪要》卷九十）。五代、两宋都有整修和改造。两宋时，长安闸与嘉兴的杉青闸、无锡的望亭堰齐名。

北宋熙宁五年（1072），日本出使中国的僧人成寻在日记中记述，当时盐官县（今海宁市）长安堰不仅已改堰为闸，并已建为三门两室的二级船闸。据《咸淳临安志》载，闸室长度"自下闸九十余步至中闸，又八十余步至上闸"。为保持闸内水位，崇宁二年（1103），"有旨易闸旁民田以浚两澳"，设两澳为水柜。"上澳九十八亩，下澳百三十二亩，水多则蓄于澳，旱则决以注闸。"澳闸是古代劳动人民创造的独特的水工建筑物，在设计施工、运行管理方面都有独到之处，是当时一种成功的船闸类型，解决了缺水河流的船闸用水问题。绍圣年间（1094—1098），鲍姓提刑官用"累沙岁木"方法重修长安闸。南宋绍兴八年（1138），吴姓运使将"累沙岁木"的长安闸改为"石埭"。绍熙二年（1191），张姓提举重修长安闸，并派出闸兵20人管理（《宋史·河渠志》）。嘉定初，"（盐官县）令潘景夔尝请开两澳之塞，以济饥民，不果行"（《咸淳临安志》），可见南宋朝廷对长安闸启闭和运河畅通的重视，即使灾年，也不允许两澳水外泄灌田。

长安闸修复后，长安坝上游侧正视照

入元之初，"闸兵废，两澳为民所侵"。元至正二年（1342）修（长安）三闸，以柏木作闸门板（清《乾隆海宁县志》卷一）。由于交通繁忙，至正七年（1347）又在长安闸西增修坝车船（《海昌外志·舆地志》）。元末，运河主航道改道不经长安镇，但明代仍有修理长安闸、堰的记载。清代中期，船闸已废弃不用，后将上闸首改建为滚水坝，上闸以下改为下河水系，成为上塘河水系排水通道。光绪八年（1882），海宁州知州江肇敏发布告示，谓长安新老两坝关蓄上河之水，由坝夫拖拔往来船只，以通商贾。长安坝用纹盘车拖驳船过坝的方式，一直沿用至20世纪60年代初。1961年，为补充上塘河水源修建长安电力翻水站，原上闸首滚水坝废弃，排水通道又变为翻水站进水通道。现长安闸三个闸址，均已改造成桥。上闸桥于1964年5月重建，中闸桥于1983年6月改造，下闸桥今称解放桥，于1979年3月重建。

2011年1月，长安闸被公布为浙江省级文物保护单位，2013年3月，被公布为国家级文物保护单位。

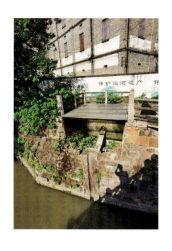

长安闸三闸之下闸闸槽细部图

嘉水安澜

杉青闸遗址

运河入浙第一闸

杉青夜望

暮色苍然至，黄昏古渡头。
水深云影薄，波动月光流。
荒草迷行径，寒鸦战戍楼。
夜阑觞咏处，孤兴落扁舟。

〔明〕沈自邠

杉青闸遗址

杉青闸，又名青山闸、杉木堰、杉树堰、杉青堰等，是嘉兴古运河上节制水流的重要设施，也是运河由江苏进入嘉兴的第一道闸。杉青闸是在杉青堰的基础上发展起来的。汉武帝时，为蓄水节流，利于灌溉和航运而修筑成堰，但屡建屡废。到唐代就建起船闸。闸旁还建起了具有一定规模的园林——落帆亭，因船到此处必须落帆过闸而命名。由于往来船只都要在此经过，这里便成为重要的交通枢纽，兵家必争之地。

该闸北宋初名杉木堰，于北宋淳化元年（990）初废。北宋治平年间（1064—1067），时任嘉兴尉的吕温卿重建杉青闸，并设立了巡检司，配备专职官吏对杉青闸进行管理，并且重新修葺了官舍和落帆亭。《光绪嘉兴府志》载："杉青闸，宋尝置吏，有廨宇及落帆亭。"当时的落帆亭还有宋秀王赵与檡诸公送乡人陈确持节江东的留题。后来，南宋第二位皇帝宋孝宗赵昚便出生在杉青闸官舍，嘉兴也因此成为"龙兴之地"。

据《宋史·河渠志》载，熙宁元年（1068）十月，诏"杭之长安、秀之杉青、常之望亭三堰监护使臣并以'管干河塘'系衔，常同所属令佐巡视修固，以时启闭"。长安指海宁县长安闸；杉青指秀州（今嘉兴）杉青闸；望亭指常州的望亭闸。说明这时杉青闸已存在，并被列为江南运河三大闸之一，设专职官员巡视、修固、启闭，可见此闸对当时航运之重要。

北宋熙宁五年（1072）秋，日本僧人成寻

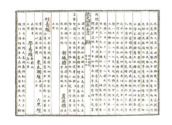

《浙江通志》中记录了杉青闸

杉青闸遗址

《参天台五台山记》记录乘船经江南运河北上，通过的堰闸有：从杭州向北至盐官县有长安堰，堰有闸，闸门3层（类似现代的二级船闸）；更北，秀州北六里有杉青堰，有闸，闸门两道。可见当时业已建成早期简易船闸。由于南来北往过闸船只不断，帆樯如林，在闸西建有落帆亭，便于船舶等候过闸与商旅、游人登岸休憩，闸口甚为繁华。

北宋元祐以后，在嘉兴运河上，河道控水逐步发展成为以堰制水、以闸泄水、以闸（古代船闸）通航的格局。

至元代尚有杉青闸记录，元大德十一年（1307），《嘉兴等处分监讲议杉青闸如何启闭》一文："嘉兴路见设杉青闸，本以蓄泄上源之水，崇德一带运河，经从本闸日夕下注，其水渐致干涸，舟楫艰行。可否权行闸闭，匮蓄河水以济舟行。"朝鲜全罗道罗州人崔溥《漂海录》，有明弘治元年（1488）二月初五过杉青闸的记述。

随着河道的不断整治和圩田系统的建设和完善，嘉兴运河苏州塘的水流逐渐平缓，杉青闸的作用逐渐消失。明崇祯年间（1628—1644）编撰的《嘉兴县志》中，杉青闸已无记载，仅存其名。20世纪五六十年代，曾在嘉兴中国制丝一厂北河对岸发现建闸的长大条石。至2010年，除落帆亭遗址外，尚存有杉青闸路路名。2011年1月，杉青闸遗址被公布为浙江省文物保护单位。

六里转水闸

转水二闸 护卫万亩良田

瀹水安澜

六里转水闸

六里转水闸细部图

六里转水闸（俯瞰）

六里转水闸位于海盐县澉浦镇六里村转水坞入口处，始建于明代成化年间（1465—1487），清同治十一年（1872）重修两闸，坐西朝东，有上、下闸各一座，均用"三合土"筑成，制木板闸门启闭。1976年，澉六河疏浚与下河沟通后，废除上、下两闸。六里转水闸于2018年被列入海盐县历史建筑。

六里堰坝是六里堰集镇南端河道中的一座坝，明朝万历年间由知县李当泰倡导募捐所建。坝南是通到澉浦的长河，称为上河，坝北称下河，即六里堰的母亲河，上下河落差达二丈以上。一到汛期，澉浦地区所有洪水全都经六里堰闸排泄到下河，遇大汛时，仅靠六里堰闸来不及排泄，而倒灌进低洼地带，乃至乡民房屋。要解决这一难题，只有分流泄洪，而帮助分流泄洪，唯有转水坞至张湾村芦溪河这条河道。然而这条河道原本宽窄不一，流水不畅，甚至梗阻。《续澉水志》载：明成化年间通判张岫亲诣地方在转水坞村中和张湾村"猪槽桥"修建二座水闸，并疏浚了整条河道，二座水闸统称为转水二闸，用于分流泄洪，并蓄水灌溉澉浦地区数万亩水田和船只运输所用。

堰瓦坝水闸遗迹

古老水闸的沧桑背影

堰瓦坝水闸遗迹

堰瓦坝水闸遗迹

《浙江通志》中记录了瓦石堰

堰瓦坝水闸遗迹位于海宁市盐官旅游度假区堰瓦坝河道中段,距离起点170米处,始建于宋。宋《咸淳临安志》中称为"瓦石堰",又称堰下。元代至正四年(1344)重修,后改称今名。清代至民国初曾在此设立河埠,转运上下河货物。古代盐官城内分为上河和下河两个水系,有两个交汇点,一是位于海神庙后的放水桥水坝,二是瓦石堰。今瓦石堰成滚水坝,残存水闸两侧的闸槽,南北相距2.6米,为堰瓦坝水闸遗迹,为研究水路交通提供了一定的资料。2008年10月被公布为海宁市级文物点。

冯家陡门

嘉水安澜

旱可蓄水　涝可排洪

冯家陡门

清朝《四库全书》中记录了
冯家陡门

冯家陡门侧面照

　　冯家陡门位于海宁市周王庙镇北部新建村，地处长江流域运河水系、杭嘉湖平原。冯家陡门东西走向，跨东斗门港，距盐官下河 550 米。唐开元年间（713—741）始建金家笕，元末金家笕塌毁，明初，上河水系全面重建闸、坝、笕，该笕改建金家桥，在原笕北增设陡门桥闸，旱可蓄水，涝可排洪，桥闸地处冯家村北故取名"冯家陡门"。1950 年，海宁县人民政府重修。桥闸至今已有 640 多年历史。清《康熙海宁县志》记载为"冯家陡门"。周边石驳岸叠砌规整，桥板为紫石和花岗岩，闸槽为花岗岩和青石。冯家陡门是海宁保存较好的重要的古代水利设施，是海宁尚存的唯一一座陡门。

朱家楼水闸

兼具灌溉防洪排涝功能的古水闸

嘉水安澜

朱家楼水闸西北往东南拍摄

朱家楼水闸

朱家楼水闸西往东拍摄

朱家楼水闸局部

朱家楼水闸位于平湖市新埭镇兴旺村朱家楼西北角，北连上海市吕巷镇，南接平湖市新埭镇兴旺村。

该水闸建于清代，由三块条石并列铺成桥面，桥长4.75米，宽1.6米。桥墩由块石垒砌，已部分损毁，中有纵向凹口，用于插闸门，单孔。

该水闸南北跨于朱家楼北侧东西向泖湾港上，用于调节上海塘和南侧支流的水量，以利农业灌溉，兼具防洪排涝的作用，一定程度上又起到石桥的作用，方便了两岸人员的往来。

分水墩

嘉水安澜

分流运河的古水利设施

分水墩晚眺

波峙危楼若钓矶，远山黯黯淡斜晖。
南来怒浪流频急，北去孤帆驶欲飞。
两岸炊烟当暝合，双溪渔火入林微。
归时风景还堪忆，临水人家半掩扉。

〔清〕严宝传

分水墩

分水墩（俯瞰）

"大运河嘉兴分水墩"石碑

分水墩位于京杭大运河嘉兴段苏州塘起始点附近的运河中，四面临水，呈橄榄形镶嵌在河中央，东望端平桥，西临北丽桥，与嘉禾北京城隔河相望，面积2850平方米，是隋大业六年（610）开浚运河时留下的水利工程设施。

堆筑分水墩初衷是分流上流来水，调节水势。隋江南运河开通后，成为浙北干河，大水常从运河行洪。由于隋唐时塘浦体系尚未形成，天目苕溪来水水势峻急，人称"悬河"，尤其是进入嘉兴城区后，河道狭窄，水流愈发湍急，于是设分水墩分流，将水流一分为三：一部分通过分水墩的阻拦转东进入秀水，流向濠河，汇入南湖，经淀泖入浦入海；另一部分则通过分水墩南的夹河流入钮河，转向三店塘；其余部分则经过分水墩北侧的主河道继续沿苏州塘北流入太湖。从而使湍急的水流在分流中迅速得到平缓，减轻杉青闸的压力。

唐宋后，运河上流来水四引，水流逐渐平缓，尤其是嘉兴大规模围垦浅沼洼地，屯垦造田，经过整治水道、浚治塘浦、疏排水潦、修筑圩岸，形成河渠纵横、圩田棋布的塘浦圩田体系，与河流港汊相连接，成为蛛网状的运河水系，沟通嘉兴广大的城镇乡村，水流更加平缓。分水墩分流河水、缓解水势的水利功能便逐渐弱化。

澉浦潮位站

杭州湾防汛『吹哨人』
栉风沐雨百十载

嘉水安澜

澉浦潮位站

澉浦潮位站（俯瞰）

　　澉浦潮位站位于海盐县澉浦镇澉南村。民国七年（1918）2月，上海浚浦局在澉浦建立短期潮位观测站，是年底撤销。民国八年（1919）9月3日至18日，浙江海关在杭州湾设立澉浦、盐官、闸口等7个同步潮位观测站，均属短期观测站。民国九年（1920）2月，上海浚浦局在澉浦与海宁盐官之间设立6个水位站，同步观测潮位，历时半月，是浙江省河口水文测验的开始。民国十九年（1930）3月2日，浙江省水利局在澉浦长山东山嘴设立澉浦潮位观测站，观测杭州湾潮位。抗战期间停止观测。

　　中华人民共和国成立初期，华东军政委员

会水利部决定成立澉浦一等水文站，观测杭州湾潮位，历时5年。1956年，澉浦一等水文站负责曹娥江的测验。1957年，省水文总站决定撤销澉浦一等水文站，命名为澉浦水文站。1953—1995年，经历了4次体制下放和收归省属。1995年2月下放，归属海盐县水利农机局。1996年3月，成立县水文站，更名为澉浦潮位站。

1967年5月，澉浦水文站建成全省第一座岸式虹连自记水位台，防止泥沙进入观测井内，是多沙河流式自记水位的主要措施。1981年，被水利电力部推荐给联合国世界气象组织，被列入水文业务计划（HOMS）咨询手册。

平湖水位站

潴水安澜

平湖市域防汛调度的晴雨表

平湖水位站

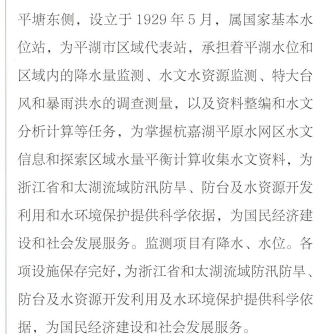

平湖水位站（俯瞰）

平湖水位站局部

　　平湖水位站位于平湖市当湖街道东升新村盐平塘东侧，设立于1929年5月，属国家基本水位站，为平湖市区域代表站，承担着平湖水位和区域内的降水量监测、水文水资源监测、特大台风和暴雨洪水的调查测量，以及资料整编和水文分析计算等任务，为掌握杭嘉湖平原水网区水文信息和探索区域水量平衡计算收集水文资料，为浙江省和太湖流域防汛防旱、防台及水资源开发利用和水环境保护提供科学依据，为国民经济建设和社会发展服务。监测项目有降水、水位。各项设施保存完好，为浙江省和太湖流域防汛防旱、防台及水资源开发利用及水环境保护提供科学依据，为国民经济建设和社会发展服务。

乍浦水位站

杭州湾水文、潮汐预报站

乍浦水位站

乍浦水位站

乍浦水位站位于平湖市乍浦镇山湾社区，山湾老街走到底，沿山有一条小路可以直达沿海栈道的西入口，而这个路口就是平湖市乍浦水文站所在地。

乍浦水位站，设立于1929年7月，1937年11月停测。1951年7月，浙江省农林厅水利局复设，观测至今，1967年6月增加波浪观测，1971年增加含氯度化验。1977年1月起，杭州湾潮位观测使用陈山原有码头水位台水位计观测。乍浦水位站，为国家基本水位站，测验项目有杭州湾潮位、海水含氯度。1929年使用木桩作水位观测，20世纪60年代改成混凝土桩，目前有一个木桩的痕迹，一个风化比较严重的混凝土桩，站房和其他仪器设备均更新过，保存状况一般。

乍浦水位站，承担着杭州湾水文信息、潮汐天气预报、风暴潮预报资料整编和水文分析计算等任务，对杭州湾及杭嘉湖地区防汛防台起着重要作用。

三

治水营田

圩丁词十解

〔宋〕杨万里

儿郎辛苦莫呼天，一日修圩一岁眠。

六七月头无点雨，试登高处望圩田。

　　运河两岸圩区建设是嘉兴历代开发低湿地水土资源的主要方式，历史久远。早在春秋时期，先民们就在今嘉兴市境筑堤围田。秦汉两代，继续开拓。三国吴赤乌元年至太元元年（238—251），陆逊出任海昌（今海宁市）屯田都尉，并领县事，率屯田部曲二千余人，在海盐县境屯田，筑土围田，开挖塘泾港浦，逐渐构成圩田系统。西晋建武中（304），高使君（佚名）为嘉兴监屯田校尉，领兵三千，屯田于此。旧志称：镇静不扰，岁遇丰稔，公储有余。唐代宗广德年间（763—764），苏州刺史李栖筠委派大理评事朱自勉在嘉兴组织大规模屯田，统筹治水和营田。唐李翰《苏州嘉兴屯田纪绩颂》中记载，浙西三屯中以嘉兴屯区的规模最大，屯区组织相当严密，"田有官，官有徒，野有夫，夫有任"，且"有诛赏之政驭其众，有教令之法颁于时"，以统一经营泾港浦圩田工程。经过屯垦军士的辛勤劳动，形成"畎距于沟，沟达于川……浩浩其流，乃以湖连，上则有涂，中亦有船，旱则溉之，水则泄焉，曰雨曰霁，以沟为天"的沟洫塘浦系统。

屯田后，"无凶年下岁"，农业发达兴盛。为此，李翰说，当时"嘉禾一穰，江淮为之康；嘉禾一歉，江淮为之俭"。五代吴越时期（907—978），钱镠立国后，设"都水营田使"，统一筹划治水营国事宜，创置"撩浅军"，建立养护管理制度，确立治水治田相结合的举措，并且在唐的基础上，采取"浚三江，治低田""蓄雨泽，治高田"的方法，旱涝兼顾，高低分治。在广袤平原上，根据地形高低，分级分区规划塘浦工程。七里开一纵浦，十里开一横塘，以开河之土筑圩，构成圩圩相通的棋盘式圩区，形成河渠纵横、圩田棋布的塘浦圩田系统。使得"低田常无水患，高田常无旱灾"，一般年景"旱涝不及""岁常丰熟"。北宋时，水政体制改变，以转运使代替都水营田使，撩浅制度废弛，养护管理放松。

南宋时期，不少豪强巨室大肆侵占江湖滩地，盲目围垦，只圩田，不管治水，致使水面日蹙，水道阻塞，河网益发紊乱，蓄泄功能日益削弱。南宋庆元二年（1196），户部尚书袁说友在给宋宁宗赵扩的一份报告中，建议朝廷采取有力措施，严禁围湖为田。从北宋始，塘泾港浦圩田制开始解体，南宋时期进一步趋于隳坏。随着屯田制逐渐解体，"田法隳坏"，水政不修，小生产与大圩制的矛盾日深，原来"圩圩相接"的大圩制逐渐分割为以浜泾为界，一二十户人家自筑的若干小圩。民修小圩，势单力薄，难御洪涝，常遭水患。

　　元、明、清三代，虽然都曾采取过一些治圩措施，但因土地私有制同圩田大规模经营体制之间的矛盾难以协调，圩田规模日趋小型化，一般是几十亩不为小，一二千亩不为大，万亩以上的大圩非常罕见。《万历秀水县志》记载，其时秀水县的圩子 5000 亩以上的只有 17 个，2000—5000 亩的 69 个，2000 亩以下的 45 个。

　　民国时期，江河失治，河港淤浅，塘浦紊乱，圩系零散失统。20 世纪 40 年代末，嘉兴和嘉善北部低洼地区有圩田 66.42 万亩，分为 1476 个圩子，平均一圩面积为 450 亩。

　　中华人民共和国成立后，嘉兴采取培修圩堤，打坝并圩等一系列措施，整治圩区。1986 年至 2000 年，嘉兴市先后利用"粮专""农综""圩专"和"重建家园"等项建设资金，加上地方财政配套资金、乡村自筹资金等建设圩区工程，总投入资金 1.98 亿元，进行圩区综合整治，使低洼农田稳产高产，也使嘉兴市成为全省商品粮基地。

　　嘉兴运河两岸圩田开发相沿近 2000 年，以三国东吴海昌屯田为契机，发展到唐和五代，嘉兴出现了大规模开渠营田的新景象，形成纵浦通江、横塘分水、纵横成网而又科学合理的塘浦圩田系统，使嘉兴从此成为全国重要的粮桑产区，获得了"嘉禾一穰，江淮为之康；嘉禾一歉，江淮为之俭"的历史评价。

嘉水安澜

朱自勉屯田

唐广德年间（763—764），时任苏州刺史李栖筠见嘉兴一带未开发的土地很多。"嘉禾之田，际海茫茫"，遂委任大理评事朱自勉赴嘉兴主持屯田，其屯田的规模在江南首屈一指，"浙西有三屯，嘉禾为大"，数年之中便取得丰硕成果，嘉兴从此成为全国知名的农业区。为此，文人李翰约在大历十年（775）前后，作《苏州嘉兴屯田纪绩颂并序》，详细地记述了这次具有历史意义的开发。

当时的嘉兴地域宽阔，土地丰富，"嘉禾土田二十七屯，广轮曲折，千有余里"，但大多地势低洼，沼泽卑湿。因此，朱自勉屯田的首要任务便在于疏通河道，保证积水不滞，泄水不阻，进而化沼泽为良田。所以他并不侵夺民田，而是大兴水利，进行大规模的水土开发。正如李翰序文所说，"初公（朱自勉）为屯，人有二惧焉，邑人惧其暴，屯人惧其扰，今沟封犬牙而不相侵，疆场日履而人不知"，"公画为封疆属于海，浚其畎浍达于川，求遂氏治野之法，修稻人稼穑之政"。其所创用的"畎距于沟，沟达于川"之法，构建通畅水系，"浩浩其流，乃与湖连。上则有涂，中亦有船。旱则溉之，水则泄焉。曰雨

朱自勉屯田

曰霁，以沟为天"，从而使田地旱能灌，涝可泄，"俾我公私，永无饥年"。水利广泛开发，农田面积大量扩大，短短数年间，这片低洼沼泽的湿地面貌大变，发挥出极大的功效。"公田翼翼，私田嶷嶷，不侵其畔，不犯其稽，我仓既盈，尔廪维亿。屯人熙熙，邑人怡怡，不扰其务，不干其时，我无尔暴，尔无我欺。"

在主持屯田中，朱自勉身先士卒，竭尽全力，"至若义感于内，诚动于中，徇国忘家，恤人犹己，野次露宿，箪食瓢浆，尽四体之勤，趋一时之役，大寒栗烈而犹执耰鼓，盛暑赫曦而不传车盖，如登高去梯与之死生，投醪均味忘其饥渴，然后知仁义之政必见于耕获，井田之法可施于甲兵"。正因为"人将竭其力，地将尽其利，天将与其时"，因此迅速获得成效，"自赞皇为郡无凶年，自朱公为屯无下岁。元年冬，收入若干斛，数与浙西六州租税埒"，嘉兴从此成为全国知名的农业区，李翰才写下千古名句："且扬州在九州之地最广，全吴在扬州之域最大，嘉禾在全吴之壤最腴。故嘉禾一穰，江淮为之康；嘉禾一歉，江淮为之俭。"

朱自勉的屯田，"公画为封疆属于海"，其范围不仅包括今平湖、嘉善，而且也包括今松江、金山、奉贤沿海地区和吴江的低洼沼泽区，包含海退后大陆前进新淤涨的土地和过去被淹没的土地，估计有上百万亩。屯田采用军事管理办法，各屯设都知总负责，系统严密，体制统一，管理严格，政策得宜。屯田以开垦荒地，扩大种植为目的，且以开发水利为实现广种丰收的主要方法。"畎距于沟，沟达于川"，"浩浩其流，乃与湖连"，引小港水达江河，引江河连湖海，构成通畅的水系，"旱则溉之，水则泄焉"。另外还把发展水利与水陆交通结合起来。河塘筑堤，"上则有涂"，"中亦有船"。这些水利建设不仅保证了当时的丰收，也为后代进一步全面建设塘浦圩田体系打下基础。

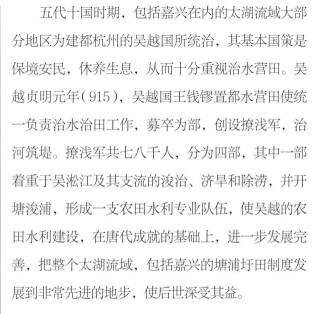

钱镠治水营田

五代十国时期，包括嘉兴在内的太湖流域大部分地区为建都杭州的吴越国所统治，其基本国策是保境安民，休养生息，从而十分重视治水营田。吴越贞明元年（915），吴越国王钱镠置都水营田使统一负责治水治田工作，募卒为部，创设撩浅军，治河筑堤。撩浅军共七八千人，分为四部，其中一部着重于吴淞江及其支流的浚治、济旱和除涝，并开塘浚浦，形成一支农田水利专业队伍，使吴越的农田水利建设，在唐代成就的基础上，进一步发展完善，把整个太湖流域，包括嘉兴的塘浦圩田制度发展到非常先进的地步，使后世深受其益。

首先是修筑海塘，疏通入海干流。吴越以前，钱塘江两岸的海塘，是柴塘或土塘，难挡海潮的常年冲击，不能持久。吴越时创造"石囤木桩法"，编竹为笼，置石其中积叠为堤，再于外打木桩维护，抗潮力增强。钱镠于后梁开平四年（910）八月，在杭州通江门、候潮门外筑塘。据清《诚应武肃王集》称，工程曾延伸至今海宁十八堡一带，世称"钱氏石塘"。吴越又使用撩浅军专门从事疏浚和整治吴淞江及淀泖等河湖及出海干道，保持河道畅通和排水入海。

钱镠

其次是开塘浚浦，构成周密贯通的水系。吴越分区实施塘浦工程，在嘉兴以至整个太湖东南部，每隔五里至七里设一纵浦，又隔五里至七里设一横塘。开纵浦以通江，挖横塘以分水势。"沿塘有泾，通于支港，塘以行水，泾以均水，塍以御水，坞以储水。"塘浦港泾纵横成网，"旱则运水种田，涝则引水出田"，旱涝均能保收。又在各河的重要地段及沿江海高地筑堰作坝，设立斗门，调节水流，仅海盐一县，南宋时就有41堰、3坝、5闸，蓄泄兼施，分级控制，做到低田常无水患，高田常无旱灾，经常获得丰收。

同时兴修圩田，扩大种植。在河塘两岸修堤，在堤内分区造田，隔以圩岸，以一圩为种植排灌单位。圩岸内以围田，外以隔水。野外为浜、泾、塘、浦，圩圩环水，水水相通，高低相承，不唯排灌得宜，兼得运输之便。这是向自然斗争的重要创造，也是我国农业史上的一大进步。正如明代徐光启在《农政全书》中所评价"钱氏有国，田连阡陌，位位相承，悉为高腴之产"。在嘉兴一带圩田相传千年，一直是基本耕作单位，后世且成为地名和行政区域名称。据民国二十三年（1934）统计，嘉兴县计有773个圩，嘉善县有823个圩。

治水营田，发展农田水利建设，吴越国有效地抗御了水旱灾害，促进了农业的大发展。在吴越钱氏统治期间，"境内丰阜""桑麻遍野""岁多丰稔"，库存充盈，谷价平稳，斗米十余钱，嘉兴成为全国重要的粮桑产区。

谭家湾桑基圩田

嘉水安澜

谭家湾桑基圩田位于桐乡市乌镇镇浮澜桥村，其核心区，东从河西小圩底南经谭家湾组民居东墙穿过小路，过南浜，达门低田西岸，南从门低田西岸，过西沿谭家桥港北岸到西港底，再由西港底穿过河西荡田桑地北口，由北口向东过河西小圩与东相连。该地范围经考古发掘，属马家浜文化类型，从发现的陶器、骨器证明，这里的先民早已掌握水稻耕种技术。这块桑基圩田，东西长 300 米，南北宽 400 米，总面积约 12 万平方米。高地桑麻，低田禾稼，阡陌纵横，沟塍分明，龙形的河浜匍卧其中，桑基圩田风貌依旧。

谭家湾桑基圩田核心地块面积较大，桑基圩田的地形特征明显，能看到圩田的灌溉排水沟渠和连接河道的落河缺。该桑基圩田，因谭家湾遗址是国家级文物保护单位而被完整保留下来，如今已十分难觅，无疑是中国农业的文化遗产，是人类生产活动的文明密码。

谭家湾桑基圩田

嘉水安澜

罗家角桑基圩田

罗家角桑基圩田

罗家角桑基圩田

　　罗家角桑基圩田位于桐乡市石门镇盐井桥村罗
家角组，范围东至北罗村西埭，南到善财庵浜北岸
和罗家角村民住宅最后一排罗戴甫宅北围墙，西至
小路泾和西浜东岸，北达庄背后圩排水沟渠。南北
长268米，东西宽277米，面积为74236平方米。

　　根据史料记载，桑基圩田的历史可追溯到宋代，
宋南迁后，南方的桑蚕业得以迅速发展，因此挑土
栽桑范围不断扩大。形成了诸多低洼的圩田和高垄
的桑梗地，圩田被桑梗地包围，形成了高田种桑，
低田种稻的生产种植形式。

四

水运兴禾

泊嘉兴城北门外

〔宋〕方 回

老病今如许，江湖岂所宜。

未妨宁过计，不是故多疑。

歉岁真难度，奸人或见窥。

移舟入城泊，何敢强违时。

　　嘉兴运河航运历史悠久，运河流经的市镇几乎都曾有港埠、码头，承担着运河舟船停泊、客旅上下和货物装卸等任务。在古代，港埠是在自然停泊点基础上逐渐形成的。春秋战国时期，农业和手工业发展，商业开始兴起，造船技术也有所提高，船体增大、装卸量增加，对停泊靠岸要求提高，开始出现简易人工建筑物，形成最初的港埠。百尺浦是嘉兴运河历史上有记载的最早的港埠，其地为春秋战国时期吴越运河的百尺渎之始。

　　隋开通江南运河，航运的发展，带动了港埠、码头的发展。到宋代进入了运河港埠、码头发展的鼎盛时期。朝廷重视运河的整治，在疏浚航道、创建复闸的同时，改善埠头，增建仓库，修缮馆驿，建立市舶，运河沿岸已有许多港埠，其中长安、秀州（今嘉兴）等都是运河的重要港口。长安、杉青两闸也都建有馆所，接待商旅。

元代京杭大运河向北延伸，嘉兴舟船可直达大都（今北京），运河内河航运的港埠建设有了新的发展。据《至元嘉禾志》记载，元代官驿分为马驿和水驿两种，其中嘉兴的西水驿和皂林驿各有船 30 只，船户300 户。元末张士诚开凿新运河，崇德等港埠逐步兴起，长安等港埠开始衰退。

明清时期，嘉兴运河航运持续繁荣，不但集散大量漕粮、民间粮食、盐、丝、茶和土特产贸易，而且还接纳大量旅客，成为内河货物集散和客运大港。据明《弘治嘉兴府志》载：西水驿"在府治西三里，通越门外，元初置，船 30 只，船户 300 户，至正末毁于兵。明洪武元年（1368）四月除授站提领为驿丞，重建，设站船 16 座"。清康熙和乾隆多次南巡（1368），御舟都曾在嘉兴等港埠停泊。

　　清末，近代航运业开始兴起，嘉兴运河的轮船业开始出现。随着嘉兴至杭州、上海、苏州、湖州等地内河航线的开通，轮船航线所经过的市镇都设有停靠港埠，也带动了码头等相关设施的建设。但直到20世纪40年代末，嘉兴各地都无固定码头停靠船舶。船舶停靠几乎都是依傍自然坡岸，偶有当地里人公助集资筹建，也是简陋码头，且客运与货运互用。

　　1949年后，随着运河航运事业的发展，港埠建设陆续展开，特别是改革开放以来，港埠建设更是快速发展。至2005年，嘉兴全市已有内河港埠25个，内河港口码头1271个，泊位2337个，泊位年通过能力7697万吨。2006年至2010年间，港埠建设的力度不断加大，仅2010年嘉兴就完成水运基础建设投资4.7亿元，新增1000吨级泊位10个、500吨级泊位18个、300吨级及以下泊位81个，使全市内河港口货物的年吞吐量达到9486万吨。古老的运河至今仍在嘉兴经济社会发展中发挥着巨大的作用。

筑水安澜

财神湾码头

一个连接上海滩的河埠头

财神湾码头，位于乌镇东栅市河东端北岸，现东栅景区内朝宗坊处。码头呈"凹"字形港湾，全为条石砌筑，跨街有廊，因岸上旧有财神堂而名财神湾。该河埠始建年代不详。清嘉庆年间，徐恒裕号曾在此开设米行、木行；光绪初年，孔庆增宅就在财神湾，并在宅地后建有庸园，俗称孔家花园。

财神湾西通市河，西出三里塘可达嘉兴，是乌镇东乡百姓的重要商埠。乌镇首富徐恒裕襄饼行、徐笃庆晓记、徐恩庆冠记等商行都集于此。徐氏把家乡的大宗蚕丝运往上海，又从上海运回"洋货"到镇上，这就是茅盾笔下的"林家铺子"的写照。徐氏从这商埠起航，开发沪埠，成为上海金融界、房地产界巨头。徐恒裕东号后裔徐冠南，二度担任上海总商会董事，还在上海捐银赠地，在闸北建有"乌镇路"。

如今，该码头是乌镇东栅景区的观赏点，站在逢源双桥上就可看到河埠全貌，香山堂国药店、木心故居纪念馆就在河埠岸上，河中还有惊心动魄的"高杆船"表演，让人流连忘返。

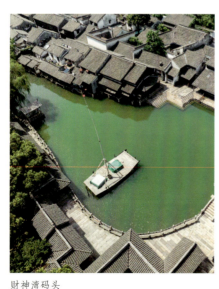

财神湾码头

嘉水安澜

转船湾码头

清水一湾 果蔬飘香

转船湾水秀而清，一道辛龙最有情。

问说向时湾下路，沿街不断读书声。

〔清〕施曾锡

转船湾码头

转船湾码头位于乌镇西市河东端南岸，属于银杏社区辖区。据传，由明刑部侍郎沈应龙所凿。据清《乾隆乌青镇志》记载，沈应龙是明嘉靖十四年（1535）进士，授刑部主事，仕至南京刑部侍郎。沈应龙宅在明代也是有名的园第，府宅中间有玉音堂，东有塔棒楼。后经文徵明书匾，改名拜笏楼。楼前有崇雅堂，堂后有知我斋等。宅第还有东园、西园两个花园，有怡老堂、牡丹台、四桂亭等。据说，明代而上，大户人家的显贵府第，往往流行隔河照墙。沈府门前的石狮摆在河埠上，照墙就筑在对门西市河南岸。为了停靠"官船"后，不使西市河阻塞，也有人说为了风水，就在河的南岸挖了一个像"官帽"的大湾兜，大家便称之为转船湾。

咸丰十年（1860），太平军与清军之役，沈氏府第毁于战乱。乱后，沈应龙后裔弃仕经商。至清末，有沈祥森、沈蓉初兄弟俩将祖上开设之水果行移至河南岸转船湾，店号"沈万聚""沈万兴"。沿河筑起"石桥洞"和石帮岸，以便水果、鲜蔬船停泊和上下货物。当时每天下午，有江苏洞庭、余杭塘栖等各处客货船运货到埠，卸货入行。次日清晨，周边乡脚的水果店主、商贩根据各自销量和时令到行选货、进货。沿街建有瓦木结构的廊棚10余间，以便临时堆放水果和过秤交易。前埭房屋为店堂，每日门庭若市，后埭房舍为内屋，居住家眷。沈氏家业中兴不久，沈蓉初在西首，沈祥森在东首再建新厅，转船湾更具风貌。

日后，因转船湾是乌镇八鲜业（水果、蔬菜各类时鲜）的交易商埠，故又俗称小菜行。

转船湾码头（俯瞰）

顾家厅及河埠

顾功叙院士故居

嘉水安澜

　　顾家厅及河埠为清代建筑，位于天凝镇洪溪村高浜 96 号，"文化大革命"时曾改为粮仓。该厅及河埠占地 118 平方米，坐北朝南，面阔三间，通面宽 8.7 米，进深 10 米。厅内梁架及北面雕花落地门窗保存较好，梁架为五架梁，前单步，后双步，带前廊。厅南现存内河埠 2 座、八字形河埠 1 座及船坞残存石柱（原两座船坞）6 根，总长 28.9 米。顾家厅虽然结构比较简单，但梁架、雕花保存较好，并且还有保存完整的河埠，具有一定的文物价值。

　　顾家厅是中国科学院院士顾功叙的故居，厅内展示着一封特殊信件，它是顾功叙院士在 1989 年 12 月 9 日写给天凝洪溪的一封信。顾功叙先生是我国地球物理专业的开拓者，是将地球物理理论和技术用于地质勘查、地震预报研究的主要奠基人。

顾功叙

顾家厅及河埠

嘉水安澜

洛塘河码头河埠群

水运经济的见证者

洛塘河码头河埠群位于海宁市斜桥老街洛塘河两岸，从利民桥到街西梢铁配桥。从形制判断，这批河埠码头时代从清中期到1949年后。其中河埠大多为清代石埠，码头在1949年后有整修，河埠有直跑、单跑、双跑等类型。石质有武康石、京山石等。码头现基本废弃，有吊机等遗留物，涵洞为居民用水与田间排水所用。斜桥河埠码头群为斜桥镇明清至民国时期商业、水运、经济等发展的见证，有着较高的历史研究价值。

洛塘河码头河埠

嘉水安澜

钱氏船坞

省内现存唯一水乡船坞

钱氏船坞

钱氏船坞俯视图

钱氏船坞位于嘉善县干窑镇长生村让巷12号宅南，兴善公路路旁，修建于清道光年间，原是当地首富钱仲樵所建宅院的一部分。该船坞占地108平方米，坐东朝西，共四间，通面宽7米，进深13米，歇山顶，梁架结构为七架梁用二柱，共用柱11根，为方形石柱，南侧石柱立在水中支撑，再在上面砌砖，北侧石柱立在驳岸边上，驳岸用花岗石错缝砌置。东首第一间砌砖，供船工居住，西面三间供船停泊，可停五六条船。有内河埠及八字河埠各一座。

船坞是江南水乡特有的一种建筑类型，是以水路交通为主的历史时期存放私人交通船只的建筑物，历史上曾经大量存在，但目前已鲜有遗存。就目前发现来看，钱氏船坞是浙江省内现存唯一的正宗的清代船坞，就全国范围来说也只有三座，另外两座分别为金山朱氏船坊和苏州俞家湾船坊。

船坞作为一道古建文化景致，传递着浓郁的乡愁情怀。保护乡土文化，让居民望得见山，看得见水，记得住乡愁，既是城镇化的目标所在，也是对老百姓美好生活愿景的满足。同时，船坞也是研究江南水乡文化的重要实物旁证，具有极高的历史、艺术、科学价值。2004年，钱氏船坞被列为县级文物保护单位；2011年1月，被列为第六批浙江省文物保护单位。

20世纪90年代，船坞西侧一间坍塌；2010年，干窑镇人民政府对船坞的屋面、梁等进行修缮；2018年，结合周边的环境整治，全面系统地修缮钱氏船坞，恢复了船坞的历史面貌。

钱氏船坞南侧

出嘉禾　〔宋〕朱南杰

舟出嘉禾五里城，僧楼山塔互峥嵘。

酒旗密比随风舞，渔网横拖漾日晴。

画舫贵人帆去稳，单衣游女着来轻。

山歌已接长河堰，到得临平月又明。

水韵遗珠

一

嘉井涌流

　　井是一种文化现象，是故乡的象征，所以自古有
"背井离乡"之说。江南水乡的嘉兴，与古井有着千
丝万缕的联系。那些散落在街头巷尾的古井，仿佛深
扎在禾城土壤里的根系，见证着这座城市的蝶变跃升，
滋养着一代又一代嘉兴人。

水韵遗珠

幽澜泉

被画入『嘉禾八景』图的古井

幽澜泉（节选）

秀水东流入魏塘，一泓谁凿近禅房。
煮来茗碗清无滓，分出花渠细有香。

〔明〕顾孟时

幽澜泉文保牌

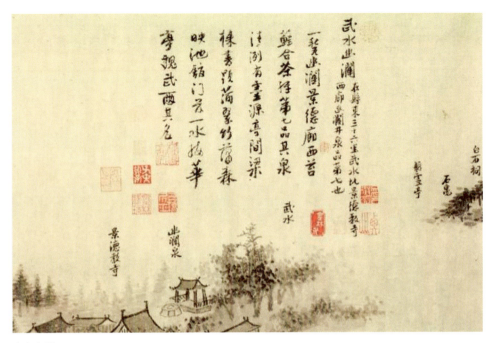

武水幽澜

幽澜泉位于嘉善县魏塘街道小东门社区小寺弄24号民居内。清《光绪嘉善县志》记载："唐天宝二年，鉴禅师建景德讲寺，内有幽澜泉、大悲阁、梦至月、竹炉烟、雨花台、翻经室、洗钵池、补纳亭八景"，"幽澜泉在嘉善县东二里景德寺，咸丰庚申兵燹后，此泉独存"。据自来水厂职工介绍，20世纪80年代县自来水厂挖深井后，由于地面垫高，于是在原井圈上再筑水泥井圈。

幽澜泉占地 0.3 平方米，井圈为椭圆形，花岗石，内径分别为 0.45 米、0.7 米，井壁用青石砌筑成六角形，内径 1 米。

幽澜泉是嘉善县目前发现的唯一的唐代井，也是嘉善县的名胜古迹。

清《光绪嘉善县志》记载：幽澜泉，在县治东二里景德寺，旧名"景德泉"，品居惠山之次。泉有三异：大旱不竭，煮茶无滓，盛暑经宿而味不变。古井里的"好水"，深受众多茶文化爱好者的青睐，许多文人墨客都留下幽澜泉的诗作。元代黄鲁德在《景德泉诗》写道："幽澜远引曹溪水，此是人间第几泉？"明代顾孟时也有诗句："客装此日难成醉，聊吸寒泉当酒尝。"元代大画家吴镇的《嘉禾八景》中的"武水幽澜"，便是幽澜井泉，上面则写：茶经第七品其泉。

关于幽澜泉名称的由来，据清光绪《嘉善县志》，昔有僧夜坐，忽一女子过之，容色甚丽，僧叱曰："窗外谁家女？"女应声曰："堂中何处僧？"僧起逐之，女投入地，掘之得清泉一泓，湛然可爱，有石刻"幽澜"二字，遂以名泉，岁岁沉埋。何玉史清补刻"幽澜"二字。僧复作亭于泉上，名"幽澜泉"。

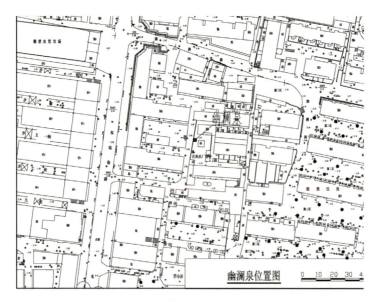

幽澜泉位置图

幽澜泉是名泉，但其井中之泉水究竟从何而来？1992年，经专家考察发现，嘉善一带含有较丰富的优质第四系孔隙承压水，这是地下深循环封存的"古泉水"，它的绝对年龄已有 26000 多年，为我国大理冰期气候寒冷时降水所补给，是在长期地质环境中形成的天然水资源。又经浙江省地质环境监测总站的评估，幽澜泉水清澈透明，无色、无味、无污染，含有多种人体必需或有益的微量元素，有优质复合型矿泉水的价值。

如今，幽澜泉在现代城市中使用水的功能已经弱化，但在城市景观和文化价值上还有一定作用。2004 年 1 月，幽澜泉被列为嘉善县级文物保护单位，成为嘉善的又一处名胜古迹。

幽澜泉

水韵遗珠

灵光井

名臣遗建 一饮百疴轻

灵光井位于嘉兴市南湖区建设街道瓶山社区中山路瓶山南麓，项家祠堂石坊残柱东侧。这口从明代保存到现在的古井，井圈上覆盖了铁盖，井后立有石碑，整个井和石碑构筑了一座石亭，从保护的力度来看，这是一口来历不凡的古井。

灵光井

据资料介绍，井的直径 36 厘米，井圈高 50 厘米，外圈为正八边形，内圈是圆形，内径口小底大，从下到上呈圆台状，井壁用青砖平砌。石亭内中间是井，井后竖立一方石碑，上刻"灵光井记"，由书法家张秋池书写，碑文说："灵光井为明代灵光坊水门，位于瓶山南麓。明朝兵部尚书项忠遗建，项家祠堂石坊残柱之东侧，此井水质清冽，汲用已数百年，大旱不竭，因汲用者众，井圈绳痕至深，百姓誉此井水一饮百病轻，且位于灵光坊，故称灵光井。"1988 年，为保护灵光井，嘉兴市人民政府修筑石亭罩于井上，并立石碑告示后人。

碑文中提到的灵光坊其实就是尚书坊，尚书坊属于项家祠堂，原名叫"襄毅公祠"，祠堂前原来有一座浑厚古朴的石牌坊，石坊楣梁上的刻字写明此坊是为明朝兵部尚书、襄毅公项忠而建。石牌坊的残柱在 20 世纪 80 年代中山路扩建时被拆掉。灵光井就在祠堂和牌坊前，是项家祠堂井，1981 年被列为嘉兴市级文保单位。项氏家族自项忠起代代出精英，屡屡创神话，明清两朝到民国时期一直是嘉兴的名门望族。灵光井不仅是一处古代遗物，还是嘉兴明清时期文化历史的重要物证，是真正意义的文物。

灵光井远景

二

碑刻印记

　　碑碣，人称"石质之书"。嘉兴历史悠久，碑碣
甚为繁富。惜历经世乱，珍贵石刻迭遭惨重损失，已
百不存一。今选嘉兴涉水碑碣五通，以概见嘉兴碑碣
文化。

《六里堰增筑坝闸碑记》碑刻

古镇门户『海盐第一堰』

《六里堰增筑坝闸碑记》碑刻为明代文物，高 1.8 米，宽 0.8 米。明代万历三十一年（1603），澉浦治水行家朱文才提议在六里堰增筑坝闸，以保持澉浦上河之水充盈，灌以农田。地方当局为表彰朱文才的治水功绩，特立碑记功，由刑部尚书吴中伟撰写《六里堰增筑坝闸碑记》，徐晋卿书并篆碑额，夏云镌刻其上。碑记中记述了当时朱文才修筑坝闸的情景。

该碑刻保存于海盐碑廊，嵌于墙壁上，对外公开展示，有玻璃护罩。海盐碑廊位于武原街道绮园内，占地面积 189 平方米。收集有碑刻、墓志铭 38 块，另收集有石刻、石雕和石础等数十件。1980 年 12 月 20 日，由海盐县人民政府公布为县级文物保护单位。

《六里堰增筑坝闸碑记》碑刻

乾隆海塘诗御碑

乾隆观海塘志事

乾隆海塘诗御碑位于许村镇翁埠村翁家埠街道活动中心前，为大理石材质，高 2.2 米，宽 1.05 米，厚 0.42 米。碑身饰阴刻龙纹框。

碑阳为《老盐仓一带鱼鳞石塘成命修海神庙谢觋并成是什志慰用壬午观海塘志事诗韵》五言诗一首，落款"乾隆四十有九年岁在甲辰暮春之月上浣御笔"，下有印章两方。碑阴为乾隆二十七年皇帝所作《观海塘志事示总督杨廷璋巡抚庄有恭》五言诗一首，落款"乾隆四十九年奉旨泐老盐仓"。

乾隆海塘诗御碑为清乾隆四十九年（1784）刻，上部字迹清晰，下半部分字迹漫漶。原立于许村镇翁家埠海塘，后被深埋于翁家埠小学操场地下，后当地群众自发挖掘出土，并立于翁家埠原元帅庙前。

乾隆海塘诗御碑

乾隆加固海塘御碑

备受乾隆重视的海塘工程

乾隆加固海塘御碑位于海宁市长安镇盐仓村南部，现存放于钱塘江管理中心江边仓库中，已封装保存。

该碑为汉白玉石质，高 1.6 米，宽 0.8 米，厚 0.15 米。碑阳、碑阴、碑侧遍刻文字，其中一面楷书，是乾隆南巡时关于加固老盐仓一带海塘的御旨，文由当时浙江巡抚庄有恭书。另三面为行书，为乾隆御笔。共有字 23 行，每行 19 字，共 400 余字，字迹尚可辨认。碑额浮雕双龙，云纹，并有篆书"御笔"字样。乾隆加固海塘御碑记录了乾隆时期海塘加固整修的各方面历史信息，有很高的历史艺术价值。

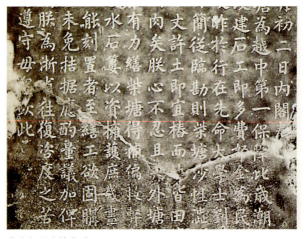

乾隆加固海塘御碑

水韵遗珠

斜塘镇市河修整开河勒石碑

古镇西塘治水记忆

西塘，南宋时始称斜塘，明代建县时，先称斜塘市，后称西塘镇。西塘、斜塘的由来，均与穿越镇中心的斜塘河有关，河道斜穿过镇区，故名斜塘，镇区位于主河道西侧，称西塘。

古河道今名胥塘河，自马鸣漾口至三里塘，穿越西塘镇区，被誉为西塘的母亲河。因河道淤塞，清光绪二十三年（1897）疏浚西塘市河并修整河道入口栅门。当时嘉善知县江峰青出告示禁止沿河倾倒垃圾，淘沙、捕鱼船只能在栅外停泊，并且刻石立于河道边。该碑高2米，宽0.91米，方形，字体为楷书，碑文计8列，满列38字。

1983年，斜塘镇市河修整开河勒石碑存放在嘉善县文化馆内；现位于吴镇纪念馆南面围墙上。目前，石碑整体完整，但存在风化、脱落现象，部分文字已难辨别。

斜塘镇市河修整开河勒石碑

水润遗珠

永禁碑

百年传承　生态水乡

陶庄素有"了凡故里，积善之乡"的美誉，"崇善文明"是每个汾南人的遗风家训。汾南村夏河大桥下的"永禁碑"，碑上刻有"永禁垃圾投河、梗树砍伐、鹅鸭放河"字样，是汾南村祖上传下来的民风"戒尺"。

清朝末年，村民生活依赖夏河浜，但由于条件艰苦，且缺环保意识，民国初期，夏河浜成为村民的养殖场和垃圾场。民国六年（1917）对当时的下河大浜进行了疏浚，之后村里的村民认为，河浜里放鸭、倒垃圾、伐树，是对河道的侵害。要根治陋习，就需要立规矩。在众乡邻的合议下，夏河大桥上立起了"永禁碑"，并共同立誓：自立碑之日起，村民和外来客商一律令行禁止、允公守正，保护公共环境，更要守望相助，绝不能为私利而损坏大家利益；规定如有向河内乱扔垃圾等破坏河道生态环境的行为，将在碑前罚跪谢罪，以示惩戒。

此后百年，"永禁碑"几经风雨，"允公守正、守望相助"的村规民约，通过共同维护生存环境、邻里乡亲互帮互助等行为，融入村民的血液中，代代相传、历久弥新。

永禁碑

三

水利名家

　　在纵横数千年的嘉兴治水历史中，涌现了一大批
杰出的治水人物，他们的精神至今仍然鼓舞着嘉兴人
民勇立潮头，奋力谱写新时代治水兴水的新篇章。

水韵遗珠

夏原吉与忧欢石

终见水波平　犹记石上痕

访夏忠靖忧欢石，舟泊福源宫

劳心此片石，潮水东西流。
后乐贻来者，先畴服有秋。
星言今日驾，月得旧时楼。
父老传闻处，潭空宿雨收。

〔清〕万相宾

忧欢石

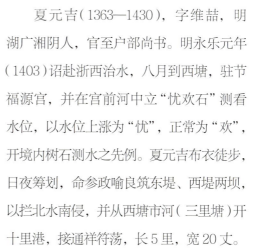

"忧欢石"画

夏元吉（1363—1430），字维喆，明湖广湘阴人，官至户部尚书。明永乐元年（1403）诏赴浙西治水，八月到西塘，驻节福源宫，并在宫前河中立"忧欢石"测看水位，以水位上涨为"忧"，正常为"欢"，开境内树石测水之先例。夏元吉布衣徒步，日夜筹划，命参政喻良筑东堤、西堤两坝，以拦北水南侵，并从西塘市河（三里塘）开十里港，接通祥符荡，长5里，宽20丈。

在嘉善县西塘镇烧香港东北，原福源宫前，曾立一块巨石，此石七尺有奇，形如碑碣，名"忧欢石"，上面镌刻着"合邑区圩"和七道横杠，每道杠子为一则，最下一则为平水之衡。清《光绪嘉善县志》记载："乡人视水则之高下为忧欢，因名。"

"忧欢石"测量嘉善各地水位消涨十分准确，不等待各地禀报，只要看石上的水痕，就知道嘉善各地受淹情况。这块"忧欢石"，不只牵动百姓的忧欢，同时记录明代治水能臣夏原吉在嘉善开展的一项重大的水利工程。

明永乐元年（1403），浙西大水，尚书夏原吉临危受命，征召十余万民工，顺应当时太湖下游水流的变化，因地制宜地采取"掣淞入浏""以浦代淞"的方案，使杭嘉湖地区的下游水及太湖水顺畅入海。

随后，夏原吉又挥师古镇西塘兴修水利，驻扎在距城二十四里的福源宫。《光绪嘉善县志》称西塘为"西北诸水皆汇流于此"，"漫漫村塘水没沙"就是

夏元吉

忠靖亭

这里的写照。西塘虽说是水网地区，附近都是些小河港，没有大的江脉，加上恰好处在太湖下游的洪水过道，汛期山洪泻泄时，这一地区更是首当其冲。

为了减轻嘉善北部地区的水患，夏原吉决定采用"疏"与"堵"相结合的治水方案。疏，就是在镇北栅市河新开凿一条东西走向的水道，让汛期南来的水流通过这里入泖。堵，就是在镇北部的姚家坝村水域，修筑东根圩、西根圩之间的东根坝，"以拦水南侵"。

由于工程资金投入量大，也难以在民间筹措资金。无奈之下，夏原吉大笔一挥，将三里长的人工河改成"十里港"。"十里港"挖通后不仅增加镇域附近水系的蓄水和泄洪能力，而且与东根、西根两坝（俗称"姚家坝"）相配套，有效减轻西塘镇以及周边地区的水患。

夏原吉完成嘉善北部"导水入泖"工程后，经过几个月艰苦工作，掌握了当时县境南、北部不同的水文特征，弄清了全县所有圩区的分布情况。在此基础上，在西塘福源宫前设置了"忧欢石"，上面不但有水位尺用来确定"警戒"水位，还根据境内所有区、圩的田面高程，进行排序标注。这样一来，无论是春播还是秋收季节，是平时还是汛期，人们只要到石碑前一看，便知各乡镇、各区圩的水情和灾情。经过了几个寒暑的实验、上百次的调整和修改，石碑刻度上反映的信息，与实地勘察所得的结果十分吻合，屡试不爽，镇人观之无不称奇。

明代嘉善人沈湛有诗云："夏公曾驻节，胜迹在河干。此地安沟洫，当年怨暑寒。溪痕移上下，心事别忧欢。旧石留官守，沉吟仔细看。"诗中充分表达了对夏原吉的崇敬与感恩之情。

目前，嘉善水利陈列馆水文展示区内，建设了忠靖亭、忧欢石。

嘉善水利陈列馆

水韵遗珠

黄光升
鱼鳞石塘创筑者

黄光升(1506—1586),字明举,号葵峰,谥恭肃。明代泉州晋江潘湖临漳人。明嘉靖七年(1528),中举,嘉靖八年(1529)进士,首任浙江长兴县令,历任浙江水利佥事、兵部侍郎,官至南京刑部尚书。

在浙江任佥事期间,适值海盐石塘屡筑屡坏,他总结前人筑塘的经验教训,精心研究塘基处理和条石纵横叠砌方法,创筑五纵五横鱼鳞石塘,取得成效。此后直至清代,在沿海险要地段所砌石塘,大多采用黄光升筑塘法。人们把鱼鳞石塘修筑得更臻完善,加大塘身断面,筑双盖鱼鳞塘,以增强抵御潮水冲洗的能力。至此,鱼鳞石塘屹立在海盐的海岸线上,并向西钱塘江北岸延伸上百千米,这是钱塘江海塘工程建筑技术上的一项突破。

此外,黄光升还将海盐海塘按《千字文》字序进行编号、分段,这一措施在清代被扩大用于南、北两岸,其水利历史功绩可见一斑。

黄光升雕像

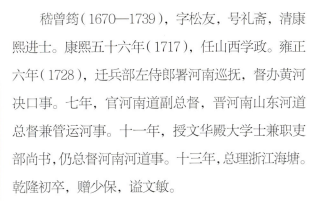

嵇曾筠

清代海塘管理名臣

嵇曾筠（1670—1739），字松友，号礼斋，清康熙进士。康熙五十六年（1717），任山西学政。雍正六年（1728），迁兵部左侍郎署河南巡抚，督办黄河决口事。七年，官河南道副总督，晋河南山东河道总督兼管运河事。十一年，授文华殿大学士兼职吏部尚书，仍总督河南河道事。十三年，总理浙江海塘。乾隆初卒，赠少保，谥文敏。

嵇曾筠到任之初即建言："海宁南门外俯临江海，请先筑鱼鳞石塘五百余丈，保卫城池。"海宁筑绕城大石塘自此始。乾隆元年（1736），嵇曾筠兼浙江巡抚，又请于仁和、海宁二县酌建鱼鳞大石塘，翌年四月完成海宁绕城大石塘505丈。接着，又兴筑老盐仓至尖山大石塘1098丈，历时七年建成，是清代筑鱼鳞石塘规模最大的一次，且所筑之鱼鳞石塘型式较前人更为完善，故被一直沿用到民国初期。嵇曾筠著有《防河奏议》，他还以《千字文》字序依次统一编制自仁和至海宁、海盐、平湖四县的海塘序号，健全了海塘管理，为巩固海塘作出了贡献。

嵇曾筠

陈潢

测水法发明者

陈潢（1637—1688），清代水利学家，字天一，浙江嘉兴人，青年时代好读农田水利之书，曾到宁夏河套地区进行实地考察，主要业绩是辅助靳辅（1633—1692，清康熙年间任河道总督）治理黄河。

清康熙年间，"淮溃于东，黄决于北，运涸于中"，黄、淮下游大片农田沦为水乡泽国。面对严重局势，陈潢不顾艰险，主动承担治理黄河重任。陈潢提出，治河要"亲身勘验"，这样才能正确认识地势高下、水势来去，正确制订施工方案。陈潢亲临工地，日夜操劳，对河性进行深入分析。继承明代治水专家潘季驯"筑堤束水，以水攻沙"理论，根据亲自勘验资料和群众经验，在实践和理论上作出较大发展。提出从全局着眼根治黄河的设想，使我国治黄理论有了重大进展。陈潢发明测水法，测量水流量和流速，在水利工程学上有现实意义。著有《河防摘要》与《河防述言》（附载于靳辅的《治河方略》中）等。在陈潢主持下，经过10多年努力，完成塞决堵漏、挑河筑堤、建闸造坝等数以百计的大小工程，终于出现"黄河安澜"、运道畅通、大片农田恢复耕种的景象。

陈潢

汪胡桢

中国连拱坝之父

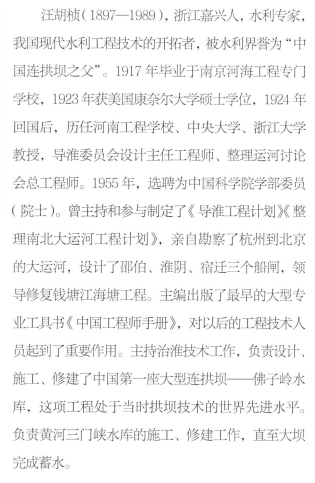

汪胡桢（1897—1989），浙江嘉兴人，水利专家，我国现代水利工程技术的开拓者，被水利界誉为"中国连拱坝之父"。1917年毕业于南京河海工程专门学校，1923年获美国康奈尔大学硕士学位，1924年回国后，历任河南工程学校、中央大学、浙江大学教授，导淮委员会设计主任工程师、整理运河讨论会总工程师。1955年，选聘为中国科学院学部委员（院士）。曾主持和参与制定了《导淮工程计划》《整理南北大运河工程计划》，亲自勘察了杭州到北京的大运河，设计了邵伯、淮阴、宿迁三个船闸，领导修复钱塘江海塘工程。主编出版了最早的大型专业工具书《中国工程师手册》，对以后的工程技术人员起到了重要作用。主持治淮技术工作，负责设计、施工、修建了中国第一座大型连拱坝——佛子岭水库，这项工程处于当时拱坝技术的世界先进水平。负责黄河三门峡水库的施工、修建工作，直至大坝完成蓄水。

汪胡桢旧居位于嘉兴市区梅湾街帆落浜39号，1928年，汪胡桢受聘为太湖水利工程处副总工程师，在帆落浜东购地4亩，筑小楼奉母养颐。抗日战争

汪胡桢

时被毁。1948年重建西式平屋数间,名"湖滨小筑",有花木之胜。建筑平面布局呈"工"字形,坐北朝南,前后两进,占地面积480平方米,砖木结构,屋顶铺设洋瓦。西南侧有一独立高耸的平房,俗称高平房,为汪胡桢兄弟1936年所建,日本侵略嘉兴时被占做司令部。2011年,旧居被公布为省级文物保护单位。2015年,旧居完成修缮布展并对外免费开放。

汪胡桢旧居

汪胡桢旧居俯视图

钱正英

中华人民共和国史上首位女水利部长

钱正英（1923年7月4日—2022年10月22日），浙江嘉兴人，水利水电专家，中国工程院院士，原中华人民共和国水利部部长，第七、八、九届全国政协副主席。

钱正英曾长期主持中国的水利电力工作，主持研究、制定了一系列关于我国水资源开发利用、管理与保护的方针政策和管理办法，主持编制了黄河、长江、淮河、海河等流域的治理、规划和全国水利建设长远发展纲要，主持完成了《中华人民共和国水法》《中华人民共和国水土保持法》的起草工作，主持审定、决策了许多重大的水利水电工程建设项目，并具体参与研究解决建设中的重大技术问题，主持领导了三峡工程的可行性论证工作。

钱正英主持完成了"中国可持续发展水资源战略研究""新疆可持续发展中有关水资源的战略研究""浙江沿海及海岛综合开发战略研究"等多项中国工程院重大咨询项目，主编出版了《中国百科全书水利卷》《中国水利》(中、英文版)等，其中"中国水利的决策问题"系她亲笔撰写。

钱正英

嘉兴道中　〔宋〕陈　著

此来知几番，此景孰能言。

有堰留河水，无山碍稻村。

船收菱入市，家植桂当门。

风物有如此，谁招二陆魂。

嘉禾遗韵

一

水脉印记

嘉兴水利，彪炳古今；水利文献，难以胜计。或为志书，或为专著，或为碑记，或为诗章，无不有益当世，昭鉴后人。现辑录部分文献和碑记，藉以提示嘉兴水利发展之历程，水利事业之成就，以及水利之进步。

《海塘考》

嘉禾遗韵

嘉郡最详海塘考

〔明〕陈 善

　　海宁县治南即海，海之上即塘，塘距城百武而近。东抵海盐，西抵浙江，相距延袤百里。塘西南数十里有赭山，其南有龛山相对，夹为海门。潮自海趋江，从兹入焉。始由广衍进入隘口，横流至此，束不得肆，辄怒而东返。东五十里有山，名石墩，与赭相望而峙，若两拳然。潮东返为此山所障，复鼓怒而西。东西荡击，数十里间，日再往来，狂澜驾风，若万马驰骤，潆洄内蚀。即天地为鑪，阴阳为炭，镕铸金石以为塘，不能保其终古不敝。矧是精卫木石，女娲芦灰，安所恃以能久邪？

　　旧志，塘之外有沙场二十余里，沙场之内有稉地、草荡、桑柘、枣园一百六十七顷有奇。夫塘有外护，则海潮不至冲啮石堤，内固可以经久。今沙场、草荡悉荡入于海，渺茫无迹，护沙尽没。直欲以数尺之塘，力抗溟海，巨浸弥天，孤城若块，万姓如鱼，所恃以为命者，仅此一衣带新造之塘，脱更内蚀，沧桑之变，在寻常转盼间耳，凛乎危哉。

宋元以前，海塘废兴，遗迹虽载在往牒，历历可稽，然辽莫能纪。

逮我国朝，自洪武以至万历，海凡五变，塘五修筑。永乐九年海决，民流移者六千七百余户，田沦没者一千九百余顷。朝廷遣保定侯孟英等，尽役苏、湖九郡，资累巨万，积十有三年，其患始息。嗣后成化甲午，弘治壬子，嘉靖戊子，迄今万历乙亥，海或溢或决，塘随筑随圮，虽劳费不至如永乐之甚，然公私困于兹役亦屡矣。

夫塘决海昌，患在一邑耳，往时当事诸贤，顾役及外郡者，何哉？亦以地脉相因，其利害之所关甚大也。盖海宁于吴为陲，于越为首，地形最高。故境内麻泾、洛塘、长水塘诸水，皆从北流；一从东北，由淞、泖趋沪渎江入海；一从正北，过吴江趋白茅港入江。俗因指吴江塔巅与长安坝址相并，则海宁之地高于他郡邑，其辨甚明。故海宁之海若决，注彼诸处如建瓴然。嘉、湖、苏、松之民，其不胥为鱼鳖者几希矣。然则障海昌者，亦所以障列郡。塘之修废，其有关于东南利害甚切。而当事者曼不省忧，往往失于后时，及工役既兴，则又计工惜财，苟且完事，取其目前，是以此塘未成，而彼堤又决。陆地成海，民之为鱼者，无惑也。

万历五年春，巡抚两浙常熟徐公栻按视海宁，顾瞻海塘倾圮废缺，乃大骇。曰：失今不修，且尽

陈善像

坏,将听民之鱼乎? 因与巡视水利陈公诏,翕谋合虑,察县尹滇南苏湖干练有为,可属大事,以其役委之。苏亦毅然身任,而不避瘁精区画,温言劝诱,以其身率先徒众,人咸感悦,器使郡吏,指授方略,其精神意气足以鼓舞黎民,合济心力。于是,富者乐输,贫者用命,凡修筑,仅五阅月,费公帑止一千九百余金,修坍塘一千六百六十三丈,筑新塘三百二十丈,塘墉屹然。波涛汩没之区,今已起昏垫,而登衽席矣。夫海塘之患,浙西为甚。

万历乙亥之变,海盐为甚。始议兴役时,众谓非三十万不可,及抚台徐公亲行海上,命有司详估价直,则曰:是十六万足矣。众哗然,骇其太廉,及工之告成,所费止十万余两,省议额银五万四千有奇。造完前坍石塘七百五十丈,原欠石塘八十三丈二尺,理砌半坍石塘一千七百九十二丈,筑旧土塘二千二百一十六丈,新筑土塘七百一十丈五尺,新开内河、白洋河三千三百九十五丈。长堤虹亘,如金斯坚,经费既省,成功又速,徐公之施德于浙民甚大。至其经略之大者,则如开内河以受潮流,广疏支委以杀水势;坚筑土塘以为内护:虑海波之湍激,则荡浪木桩以砥之;虑潮之直薄堤岸,则为斜阶以顺其流。则诸凡种种,悉中机宜。

若夫筑堤之法,其下则五纵六横,其上则一纵二横,石齿钩连若緪贯然,即百计撼之,不摇也。壮哉金堤,数郡永赖。今年七月中旬,风起海溢,异潮冲啮,乃悉从内河分受所筑之塘,壁立无恙,一劳永固,于斯可征矣。

夫海盐之塘，硪筑坚厚若此，即施之海宁可乎？曰，不可。海盐之塘，有大患亦有大利；海宁之塘，无显患实有隐忧。盖海盐塘内，陂池相属，内河可开，故潮流既得分杀，而草荡悉疆为田，尽成膏腴，是以大患弭而大利兴也。若乃海宁之塘，近接城郭，无内河可开，直欲以寻丈之堤，障彼巨浪，幸海宁潮势稍缓于海盐耳。异曰：或有海盐之患，直薄城邑，岂非忧隐乎！

闻海宁额设捍海塘夫二百名，每岁编派役银四百两，为令长者诚能加意海防，每遇潮汛之月，遣官就塘察视，一有崩圮，审取殷实良民，佐以能吏，即时领银修治，毋令后时。盖涓涓不止，遂至滔天，稽查不严，将成鼠窟。勤修筑而慎择人，在当事者加之意耳。议者又谓，往年湖州水灾，那（挪）借海宁折银一千余两，未经发还。此系在官额征，京库常课，非如小民借贷，可称岁久革前，影射逋负者也。幸今军门、水利二公，留心海患，本县诚能核实具申，恳乞稽查旧牍，责彼照数发还，则海昌岁岁益已失复得之银一千余两，兼之额编均徭、塘夫役银，合并收贮，专为备塘之用。万一天佑宁民，塘十年无恙，则此银之积，且一万五千有奇，纵兴大役，如永乐九年故事，亦不必派及平民，不必诛求外郡，取诸官中，而用之有余裕矣。至若纵横叠砌之法，如斜石阶，如荡浪桩之类，一准海盐新塘之式，则近费虽多，而远患可弭，岂非一劳永逸之计邪。

昔元延祐海患，民情皇皇，累年不止。逮文宗即位，时当汛月，风水贴然，识者谓为天数，非人

《海塘考》书影

力可及，因改盐官名曰海宁。盖是时圣人将起于南服，故百神受职，而阳侯效灵，其祥已预发于文宗之月矣。今圣天子临御于上，贤公卿辅理承弼于下，尽人格天，海晏河清，正其日也。惟夫虑切前茅，优先衣衲，则在上者必得实心任事如徐公，在下者必得明练有为如苏令，则塘墉巩固，海患无虞。

予故因叙海宁之塘，而详及海盐之事，俾后来修筑者知所准云。

〔注〕此文辑自《万历杭州府志》卷二十三《山川四》，并收录于《浙江通志·海塘专志》。

陈善（1514—1589），字思敬，号敬亭，钱塘（今浙江杭州）人。明嘉靖二十年（1541）进士，授歙县知县，历云南按察副使、滇南督学，迁云南右参政，以忤镇守太监及御史，被诬落职，后复职，官至云南左布政使。著作颇丰，有《杭州府志》《黔南类编》等。

嘉禾遗韵

《筑塘记》

〔明〕黄光升

五纵五横鱼鳞石塘筑塘法

黄光升像

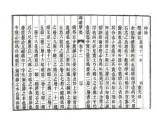

《海塘揽要》书影

予筑海塘，悉塘利病也。最塘根浮浅病矣，夫磊石高之为塘，恃下数柱撑承耳，桩浮即宣露，宣露败易矣；次病外疏中空，旧塘石大者，郑不必其合也，小者腹不必其实也，海水射之，声汨汨四通，侵所附之土，漱以入，涤以出，石如齿之疏豁，终拔尔。

余修塘必内与外无异石，先去沙涂之浮者四尺许，见实土乃入桩，入之必与土平，仍傍筑焉，令实乃置石，为层者二。是二层者，必纵横各五，令广，拥以土，使沙涂出于上，令深，皆以莫塘址也；层之三若四，则纵五之、横四之；层之五若六，纵四之、横五之；层之七若八，纵横并四之；层九、十，纵三之、横五之；层十一、层十二，纵横又并三之；层十三、层十四，纵三之、横二之；层十五，纵二横三；层十六，纵横并二；层十七，纵二横一；层十八是为塘面，以一纵二横终焉。

石之长以六尺，广厚以二尺，琢之方、砥之平，俾紧贴也；层表里，必互纵横作丁字形，弥直罅之水也；层中横，必稍低昂作幞头形，弥横罅之水也；层相架，必跨缝而置，作品字形，以自相制，使无解散也；层必渐缩，而上作阶级形，使顺潮势，无壁立之危也。如是，又坚筑内土培之，若肉之附骨然，可免溃坏矣。

〔注〕此文辑自《海塘揽要》卷十二《艺文》，并收录于《浙江通志·海塘专志》。

《重筑障海塘记》

详述成化朝重筑海塘事宜

〔明〕张 宁

海宁，古盐官，濒海，南上可百里有山，名赭，赭南远有山对峙如门，是为浙江受潮之口。岁久溯洄淳潏，赭埃出潭若陆，则口隘潮束仄击于盐官隄岸。宋嘉定中，潮汐冲盐官平野二十余里，史谓"海失故道"，有由也。

成化十三年二月，海宁县潮水横溢，冲圮堤塘，逼荡城邑，转盼曳趾，顷一决数仞，祠庙、庐舍、器物沦陷略尽，郛不及者半里，军民翘懦奔吁，皆重足以待。县上其事于府，府守陈让上其事于钦差镇守太监李义、巡按监察御史倪钟，二公以所上事询诸三司，布政使杜谦、按察使杨瑄又以二公命各询其佐。参政李嗣、副使端宏、参议卢雍、佥事梁昉，咸集厥地周视，翕谋区画会计，相与祭于神。具以成业托分巡佥事钱山曰："君闻任重，有所给乏从革，惟君自处分。"

余築海塘悉塘利病也最塘根浮淺病突夫累
石高之為塘持下數稽撑承耳榴浮卽宣露宣
其合也小者瘣不必其實也海水射之聲泪泪
露則敗易次病外踝外虛乃無異石如齒之疎
四通浸所附余修必肉肉以入潴以出石先去沙塗之
浮者四尺許見實土乃入椿之之必與土平仍
龄築焉合實乃置石為眉者二是二層者必縱
橫各五令廣擁以土使沙壅出於上令深皆以
莫塘基也層之三若四則縱五之橫四之層之
五若六縱四之橫五之層五之七若八縱四之層
之九與十縱五之橫三之橫五之層十一十二
橫又亞三之層二十六縱亞二層十七縱二橫
五縱二橫三層二三十四縱三之橫十一十二縱
一層十八是為塘面以一縱一橫終焉石之長
以六尺廣厚以二尺豕之方砥之平俾紫貼也
層表裏必互縱橫作丁字形彌橫薜之水也層
中橫必稍昂作候頭形彌橫薜之水也層相槃

碑隂　築塘記　嘉端十一年　明　黃光昇

海塘摯要　卷十二

《海塘揽要》

公乃躬履原隰，量材度宜，命杭、湖、嘉兴官属，因地顺民，采石于临平、安吉诸山，物用林积，舟楫转挽，蔽河而至。分命把总指挥李昭、通判何某兼总工役。初用汉橦絙法不就，乃断木为大柜，编竹为长络，引而下之，泛滥稍定，人知有成势，皆奋力趋事。计以日费，致月工填垒稠复为力，渐易业可待就时，盛暑公有念曰："吾闻圣禹治水，奏鲜定赋，非但疏泄而已，人民荡析未宁，农稼方作，饥劳野聚，必有疾疫，未可亟也。"由是，作治虽严，间辄附循劳来，失次者徒寓空舍，惠以薪米，大集医药以疗病者。作副堤十里卫灌河，以防泄卤之害。义声倡道，富人争自赈施民，至是，始忘死徒之念。岁八月，塘成。适沙涂壅障其外，公因增高培厚，复实捣虚，使腹抗背负，屹成巨防，而海复故道矣。

是冬，举羡余之财，修葺文庙，增广学地，重建按察分司，致祭告成，公乃复邑。父老过相语曰："昔元延祐海患，财力大艰时，官寡谋诬以异术。今之，深沙铁神遗迹近在，吾少岁犹见大父行于悒，流涕而道其苦辛者。"皇朝永乐九年，海决，有司不时，治民流移者六千七百余户，沦田一千九百余顷。事闻遣保定侯孟英等，力役苏、湖九郡，资累巨万，积十有三载，其患始息，此吾辈耳目所及者。今钱公以骑行邑，敛不及民，劳不糜众，徒以三府万二千人，仅七阅月，而绩用聿成。患大费省，力少效速，较之前事，孰与此贤，方首事之际，震撼仓皇，若御劲敌，然虽有优才，绝力当亦不暇旁顾，公能发心蕴竭性能，纡徐委屈，以庇食我，以调剂我，以成我稼穑，以宁我妇子，凡我辈今日复以得安此土者，皆公赐也。

奈之何泯没其德，遂相率吅。县令孙纲，教谕彭永烈、介子友，庠生徐宽，具书走币征予文刻石，予念风涛涨溢，凡际海之区，无不间遇，至于冲决激射，唯浙江地势为常。自延祐及今，才百五十年，海已三变，虽曰气数消长，未尝不以人力定胜。但恐物非天成，终当复故，使赭山之潭复出，沙涂之壅再去，后之继任非人，文献无考，则父老前日之忧，将或在其子孙也。

非纪实不足以传信，请详述本末，凡有事者皆刻之碑阴。一以张今日之功，一以示后世之法。

〔注〕此文辑自嘉靖《海宁县志》杂志第九《艺文》，并收录于《浙江通志·海塘专志》。

张宁（1426—1496），字靖之，号方洲，一作芳洲，浙江海盐人，明朝中期大臣。景泰五年（1454）进士，授礼科给事中。丰采甚著，与岳正齐名，英宗尝称为"我张宁"云。成化中出知汀州，先教后刑，境内利病悉罢行之。后为大臣所忌，弃官归，公卿交荐，不起。能诗画、善书法，著有《方洲集》等。

《嘉兴新筑运河石塘碑记》

万历年筑运河石塘记事

〔明〕陈懿典

我郡地界吴越，浙藩之门户也。北接苏之吴江，西接杭驿路，几二百里而遥，号称孔道。盖自国家建都北平，水程由潞通而达潞河者，自江汉外，惟是武林。溯江淮，涉黄河之一脉，而我郡实为发端。江、浙、闽、粤、楚、蜀、滇、黔牵挽，无不由兹，而漕艘尤为紧要，则运河之重可知矣。重运道，不得不重运塘，旧土石塘岁久渐圮，加以淫潦时作，往往崩坏。郡守吴公来莅我郡，慨然以筑塘为己任。请于中丞、水大夫，聚财鸠工，始于壬子七月，迄于十月告竣，如砥如带。见者以为百年之功成于阅月，相与歌咏之。然人但见公成之之易，而抑知公所以成之之难乎？夫举大役者，有三难，曰议费，曰议材，曰议人。初，塘之估也，拟八千金有奇，而仅止秀水之西塘及铜像、崇德不与焉。今公亲相度其缓急，可仍可补者，与必新建者古减其半，而塘加倍，此即主人自程量其百堵之与不啻也。故取足修河，岁额不复，别措毫厘，加以商民乐输，一一节省，其间故大工兴而民不知也。此所难者一。筑塘比用木、用石。故事，用木多而小，今议减什之三而增壮焉。又檄淮解之官，即领锾买木于瓜仪，材皆中程而直甚平。往者石工与藏吏相表里，价入手而石不至，稍急之，聊以细石点缀数丈塞责。今命官亲诣石山颁式定值，先给半价，令其方舟而来，验收如式，即全给石户。无不欣欣乐赴，更番如织。石至不胜收，因利乘便此，其所难者二。佐领幕僚，斡局不同，用非其任与用违其才，皆足败事。公于诸属吏衡藻有素，檄某某主某区，檄某某分某区，甚至曳裾朱门者留之，以竟其用。人各乐于用，用各当其才，此其所难者三。公兼此三者，而又蚤夜调度，角巾小舠，躬自程督。又置飞骑，持戟分道驰验，有怠慢不事事者法无贷。总作以督分作，分作以督夫匠。功过明于前，赏罚信于后，天下事尽如公运筹，一指麾则定矣，况运塘哉？凡天下事，让者难于任，任者难于真，真心所萃，颠末巨细，皆井井胸中，故虽犯天下之难，而及臻厥成，晏如也。公真心治郡，宏猷大伐，未易更仆，一再持漕议抗言，以免民运，东南赖之。重建学宫，广厉作人。土翟然顾化，得隽独盛，条规凛凛，赡治盗铸，咸伏其辜。靡丽轻侠之薄俗，为之不变，填赋之定，苦心均调，士民并受其福。至于往岁忧旱步祷，甘澍立应，至诚格天，何难平地哉。诸不具论，论塘之功，跨省直历三邑。秀水北塘一千四百八十八丈五尺，西塘九百五十一丈六尺；桐乡塘二百一十五丈四尺，泄水洞五座；崇德塘三百六十一丈二尺，三县共计修筑三千二百七丈七尺。吴公名国仕，甲辰进士，直隶之歙县人。

《嘉兴新筑运河石塘碑记》

〔注〕此文辑自万历《秀水县志》卷九，并收录于《浙江通志·运河专志》。

陈懿典，秀水（今浙江嘉兴市区）人，明代经学家。万历进士，官至中允，著有《读左漫笔》及《读史漫笔》等。主修运河石塘的是嘉兴知府安徽歙县人吴国仕。工程于明万历四十年（1612）七月开工，十一月竣工。

《浚运河记》

崇德市河疏浚记

〔明〕孙植

崇德邑治，嘉郡之西，为吴越闽广孔道，贡赋漕挽，輶使四出。邑之漕渠，岁久不治，自松老桥至六里桥，水道淤涸，漕舟告阻。于是督嵯马公下之臬金、郡守，檄水利郡判陆君，会邑令蔡君躬历周视，计地程工，为丈者二千六百三十，计工程力，计力程费。择委邑主簿高桥、典史雷楫、桐乡主簿黄观民、典史马骥，画地分工。经始于癸酉八月，至十月，凡六逾旬而毕。向有包角堰故址，兹量为节宣，勒石树之，以固风气，其于人文亦有裨云。

〔注〕此文辑自雍正《浙江通志》卷五十四，并收录于《浙江通志·运河专志》。

孙植，生卒年不详，字斯立，浙江嘉兴府平湖县人。嘉靖十四年（1535）乙未科进士第 57 名（韩应龙榜）。选南北部。中官潘珍从子怙势为奸利，植正其罪。历光禄少卿，时严嵩柄政，植守正不阿，以故九年不调（未升迁）。祠官祝厘取办光禄赀，多不经，植为簿正，大官（光禄寺下设署之一）岁省数十万，巨璫耿清以铁人称之。寻擢南掌院。拜大司寇，讯巨阉王采、邢保、张进朝狱，尽法不少贷。致仕归，卒谥简肃。

《重浚市河记》

海宁市河疏浚记

〔明〕吴 遵

　　海宁县市河者，郭内之通渠也。其源出西湖达二十五里塘河，自城北拱辰门入，东达春熙、西达安成二水门，舟楫往来，脉络条畅。岂惟利商贾通贸易，而一邑之文运实关焉。宋元迨今，日就堰塞。嘉靖己酉，县尹廉泉高侯尝一治之。未几，岛夷蹂躏，中外戒严，尽塞诸水门，以杜奸萌，小民并缘侵窃河遂成，周行邑中，市井萧疏，科第稀旷，民病久矣。隆庆壬申三月，廉访少浦徐公按部至邑，诸生以请，公毅然曰："地运之系河渠，犹血脉之周营卫，一日阏遏，斯病矣。矧兹渠利厚且广，而今梗之，是诚予责也。"乃下教曰："《周官》川衡掌巡川泽之禁令而平其守，凡犯禁者执而诛罚之。兹渠之便，实由于民。苟绳以周法，则民大者流，小者刑，殆将弗堪。其议舍所罚而令各分工任事，兴利除疾，固民所乐

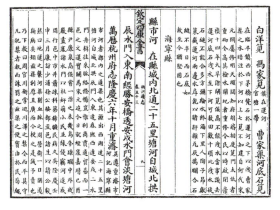

《重浚市河记》

趋也。"檄文月至逾数百里外，无忘昕夕。乃命丞崔颖经其北，朱廷芳理其东，典史戴中疏其西，核验成绩，长史以时督察之。于是县尹良祯余侯供命惟谨，丞若尉咸事其事，均劳祗役。善崩者甃以坚石，既固者仍其宿址。浚深一丈四尺，广加深十之二。余侯复捐俸新三水一门，凡数阅月而竣事。居者宁宇，行者比舟。士忭民欢，相与伐石，征言为记。

[注]此文辑自雍正《浙江通志》卷五十三，并收录于《浙江通志·运河专志》。

《宁盐二邑修塘议》

坦水护塘修筑法

〔清〕陈　订

　　窃惟杭属之海宁、嘉属之海盐，两邑地俱濒海。县治去海不及半里，又当苏、松上流，一有冲决，患诚非细。然宁、盐两邑，虽均以海为患，而潮有横冲、直冲之异；地有软沙、硬沙之别。其横冲而沙软者，患在脚跟搜空，虽有极坚极固之塘，不能存立。法宜加意塘根之外坚固牢密，使沙土不虚，即塘身或少单薄，可以无虑其直冲。而沙硬者，塘根之沙不患其坍，止患直冲势大，非极坚极厚之塘不能抵御。法宜精讲修砌塘身之法，而塘根以外加功稍次。则是潮患两海虽同，而所以捍潮之法不同也。

　　今以海宁言之，海宁之潮与杭城江干之潮无异，俱起有潮头，俱横冲而过，其实皆为浙江入海之尾闾。然而，海宁之海沙，又与江干微别。江干地皆近山，其沙性硬，故江塘之沙坦而不陡，即有冲刷，捍御犹易为力。海宁近城无山，远者江干之山，相去百里，近者袁化之山，亦五六十里，故沙土率皆性软。且海塘以外之沙，从来此坍彼涨。其所涨之沙，又皆潮头去远，急水已过，而长水停蓄，日渐淤积，性浮体轻，冲刷甚易。故当平常沙涨之时，塘外不下三四十里之远。及至沙坍，三数月即可到塘，盖其积之也。由于潮过之长水，性平气缓，浮沙沉积，故所涨之沙，低于海塘者不过三四尺。其坍之也，由于潮头与急水之横刷。潮当初至之时，水尚未涨，恒低旧沙丈许有余，灌漱冲激，皆在沙底搜进，故不但沙岸陡峻，而沙面反凌空盖出其外，俄顷之间，缝如毛发，转瞬而坼裂倾颓荡为浊流，杳无踪影矣。渐至塘脚日搜日进，虽使鞭石为塘，岂能凭空稳立？

故海宁之塘，必于塘脚之外沙土之中砌出十有余丈，以固其根。旧法用木册为柜，中积小石，层层排置塘外。盖用木柜，则化小石为大石，而排置塘外土中，则可预防冲刷，立法诚善。但其置柜也宜深，而不宜浅。盖沙涨之后，潮来之所冲刷，必在旧沙根脚之下。置柜若浅，则冲刷所及，反在柜下之沙，而柜之根脚亦虚，岂能自固？唯置柜必深，或三柜四柜层叠而起，则冲刷之势，柜能抵之，而沙无溃塌之患。其排柜也，宜远而不宜近。盖水之漱灌，无隙不入，若自塘根排出有十余丈之远，则水即善刷，不能浸灌以至塘根，而塘根之土常得干坚牢固，不至根脚虚松，而塘身因之而倾。至于柜外，则用长木桩密钉入地，钳束其柜，柜外有桩，桩外复有柜，层层密钉，即使潮冲，无一柜随流他柜因以欹倒之患。而柜之自下叠上，自近及远，俱用品字排置，兼如陂陀之坦，近塘稍高，渐远渐深，既御潮来之所冲刷并护塘根，可坚久矣。塘外之沙，既不坍及塘根，则潮头既过之后，急水既缓之余，即有长水浸及塘身，而势缓力舒，无感冲啮，不必如海盐之巨石鳞叠，屹然如山而后无患。故海宁之塘，功力全在塘根以外。人但知塘之裂缺，而不知根脚松而裂缺也。

至于海盐之海，则与海宁又异，南有秦驻山，北有乍浦山，相去止三十余里，南北山趾角张。而海盐邑治居中，独以东面受大海潮汐之对冲，与海宁横过不同。而海中之沙，又近山多硬，不坍不涨。故从来洋舶不便泊塘，亦由潮来划水溢，而潮退则为沙搁故也。

故塘外不患坍沙，唯是全海所冲，势雄力猛，而潮汐之来，一冲一吸。其冲也，固有排山之势；而其吸也，亦有拔山之力。故必极大极厚之石，纵横鳞叠，内复帮以土塘，而后可以捍御。若使叠之石稍不极其厚重，则水力排击，轻如弄丸。且古云："石之附土，如人骨之附肉。"海水之来，不但畏冲，实犹畏吸。盖水既无隙不入，其吸而拔之也，塘土俱出。若土塘空洞，即石亦顽滑不固。故古人于海盐之塘，讲之甚精，既须极大之厚石，而其取材也不可头大头小，其叠砌也，不用石块垫衬。其程序也必方方相合，面面相同（白洋河向多弃石，皆昔之不合适者）。其验工也不于已砌，而于抬砌之时，先置平地验视。其层叠也头头向外，以撄潮之冲吸。

而复制之以纵横之法，联之以品字之形，务使潮水之来，其入也由石缝而曲折以进，其吸也亦由石缝而曲折以出，则潮之呼吸，其力渐杀，而后，石塘有磐石之安，土塘罕搜空之患。且顶石之桩，必长必多，必掘深生土二尺，而后钉入。而塘外亦排置木柜，以护其桩，略如海宁之法，不使桩根宣露易朽。顶冲之地，不遗余力；次冲之地，工力少减，然亦百倍海宁。皆由海盐之海，直当大洋之冲，且沙又铁板，潮从沙上奔腾而至，并无海盐之软沙，少为抵当，唯恃塘身直抵潮之正冲，非屹然如山必不能御。

昔时，用王荆公宁波陂陀塘法。元末明初，犹冲决屡告。至后，有叠砌之法，而后数百年无患，良不得已也。即今二十年前，上宪因塘石碎泐，委员修理，而承办之员不能仰体德意，反取塘身完整之石加于塘面，而以塘面碎泐之石委之塘中，如筑墙之用垫堵，一时虽饰美观，其实速之圮矣。若虑塘身延袤不能一式，则原有顶冲、次冲之别，约共止十余里。况今之坍侧倾卸，止敕海庙数十丈之顶冲，岂可惜一时之小费，而遗不数年后之大患乎？故海盐之塘，全在塘身捍御，异于海宁也。

至于两海之塘，虽极修砌得法，而大潮大汛，狂风驾浪，不能保无扇溢淹没横流，则两海又天生有近塘之河消纳海水，而不使淹入内地。盖海水性咸，若淹及腹内之田，则田秧浥烂，非两三年雨水侵润，不能复其淡性以便耕种。唯河身之水，日夜流动，数番大雨，即咸性尽减，故可使之消纳，以不波及于腹内之田。在海宁，则为六十里塘河，在海盐，则为白洋河，皆天造地设，古之所谓备塘河是也。

宁邑之六十里塘河，即杭城之上河，发源于江干诸山，与北关下河之发源天目者，两水各自分消。下河由苕溪入于太湖，上河由海宁黄湾出闸，达于嘉兴、松江。今黄湾闸久废，薛家坝久阻，临平市河久浅。下流不通，而上河之水俱从半山之金家堰（离杭城三十里）入于下河。不但天旱之年，海宁沿海涓滴不来，如火益热；水涝之年，上河诸水，涓滴不去，尽出金家堰，而塘栖、德清上下河两水齐到，昏垫愈甚，如水益深。即今海塘溃决，潮水直入内地，而六十里塘河毫无分泄之处。

至于盐邑之白洋河，起于秦驻山，由蓝田庙而达于平潮河外。近海之地类多斥卤，河内皆禾稻之乡，今虽不甚全淤，然浅阻日久，河身已高，潮水屡溢，河不能容，便恐淹入田亩。及今开此二河，流通深广，则即海塘修筑，运输木石，无虞艰阻。而日后大风驾浪，泛滥之患，藉以分泄。但此二河，势居其僻，非仕宦商旅之所经由，地居其瘠，无富贵膏腴之所置产，膜视者多。然于堤防海溢，亦切要之务也。

〔注〕此文辑自清代翟均廉《海塘录》卷二十《艺文三》，并收录于《浙江通志·海塘专志》。

陈 诉，生于清顺治七年（1650），卒于雍正十年（1732）之后，字言扬，号宋斋。由贡生官淳安教谕。为黄宗羲门人，又与查慎行同里友善，故诗文均有法度。兼明算学。有《勾股引蒙》《勾股述》《时用集》《宋十五家诗选》。

《塔山坝工告竣碑文》

乾隆亲敕塔山石坝营建护理事宜

〔清〕爱新觉罗·弘历

　　浙之海宁县东南滨海之境，有尖、塔二山，相去百有余丈，临流耸峙，根基毗连，为江海门户。海潮之自三亹入者为最大，二山其首冲也。旧有石坝捍御洪潮，积久渐毁。

　　我皇考世宗宪皇帝廑念濒海生灵，特命重加修筑。厥后，以湍激暂停，朕仰承先世，勤恤民依，谆谕封疆大吏尽心筹划。迩年以来，沙之坍者日以涨，潮之北者日以南，度可兴工，爰命抚臣及时完整。兹乾隆五年夏，抚臣奏："自二月间庀徒兴役，子来云集，踊跃争先。兼以风日晴和，程功倍速，届今闰月之初，工已告竣。一望崇墉，屹如盘石。向之惴惴恐惧、虑为波臣者，安耕作而符平成，恭请勒石纪载，垂诸无穷。"

　　夫御灾捍患，贵先事而为之防。海波浩瀚际天，潮汐出入高如连山，疾如风霆，瞬息数百千里，非人仓卒所可御。居民恃石塘以为安，石塘恃二山以为障，而联络二山之势，延袤横亘，若户之有阃，关之有键，綮坝工。是系今者，堤岸坚完，沙涂高阜，藩篱既固，石塘可保无虞，庐舍桑麻，绮分绣错，东南七郡，咸登衽席之安，非特宁邑偏隅而已。

是役也，施力于烟涛不测之区，奏功速而民力不芳，良用嘉慰。继自今守土之臣，其益恪勤奉职，共体此事事有备之意，以保吾烝黎、海疆其永有赖诸。

塔山坝工告竣碑文

〔注〕此文辑自清翟均廉《海塘录》卷首二《圣制》。塔山石坝是"海塘扼要关键"，清帝乾隆亲为擘画，敕浙江督、抚悉心营建护理，自撰碑文勒石，分别立于老盐仓海塘和塔山石坝等处，以志永久。今石碑无存。《浙江通志·海塘专志》收录。

《老盐仓修塘碑》

记录老盐仓修塘事宜

〔清〕爱新觉罗·弘历

朕稽典时巡，念海塘为越中第一保障。比岁潮势渐趋北大亹，实关海宁、钱塘，诸邑利害计于老盐仓一带柴塘。改建石工，即多费帑金，为民间永永御灾捍患，良所弗惜。而议者率以施工难易，彼此所见纷歧。

昨于行在，先命大学士刘统勋、河道总督高晋，巡抚庄有恭前往工所，签试桩木。朕抵浙次日，简从临勘，则柴塘沙性涩汕，一桩甫下，始多扞格，卒复动摇，石工断难措手。若旧塘迤内数十丈许，土即宜桩，而地皆田庐聚落，将移换石工，毁斥必多。欲卫民而先殃民，其病甚于医疮剜肉矣，朕心不忍。且并外塘弃之乎？抑两存而赘疣可乎？以兹蒿目熟筹所可为吾民善后者，唯有力缮柴塘得补偏救弊之一策耳？地方大吏，其明体朕意，悉心经理，定岁修以固塘根，增坦水、石篓以资拥护，庶几尽人事而荷神庥，是朕所宵旰廑怀不能刻置者。

至缮工欲固，购料不得不周。现在采办柴薪，非河工秫苇之比，向为额定官价所限，未免拮据，应酌量议加，俾民乐运售，而官易集事。其令行在户部，会同该督抚详悉定议以闻。

朕为浙省往复咨度之苦心，其详具见志事一诗。督抚等可并将此旨，于工次勒石一通，永志遵守，毋忽。

钦此。

乾隆二十七年三月初三日。

〔注〕此文辑自《清实录》第十七册《高宗纯皇帝实录（九）》卷六百五十六，乾隆二十七年三月上，中华书局 1985 年版，第 339 页。《海宁市志》（汉语大词典出版社 1995 年版，第 985、1270 页）载，碑在老盐仓海塘边，汉白玉石质，高 160 厘米，宽 80 厘米，厚 15 厘米，碑上有"臣浙江巡抚庄有恭奉敕敬书"字样。在今海宁市盐官镇海神庙御碑亭内。《浙江通志·海塘专志》收录。

《嘉兴府水道总说》

详述嘉兴运河水系

〔清〕王凤生

嘉郡，泽国也。百里无山，虽乍浦九峰，澉浦九十九峰，雄表海滨，宛如屏障而水道之源不尽由其所出。按志，众水发源天目，上承杭、湖两郡之委，以下达吴淞之江、黄歇之浦，其间群流交贯，吐纳潮汛，潴为泽，迤为川，析为港汊，尤难更仆。数四疆之正境，东尽平湖、嘉善九十三里界华亭，西尽石门八十里界德清，南尽海盐一百二十里界海宁，北尽秀水三十七里界吴江。四疆之隔境，东南百里尽平湖界大海，接江南金山县，西北四十里尽桐乡界湖郡之乌镇，西南百有十里尽石门界杭郡之仁和，东北五十里尽嘉善界苏郡之长洲。

府境之水其大者有三：一曰漕渠（即运河），一曰长水塘，一曰海盐塘。漕渠源自武林下塘河，受西湖、西溪、余杭塘河诸水，汇注于北新关，又东

247

合苕水支流出会安桥而来，历谢村、塘栖，自德清大麻入石门，二十五里穿县城濠北出，又二十里东合语儿、枫树十八泾，西受士林、羔羊十六泾至石门镇。折东湾环如带，曰玉湾，入桐乡界十有八里。南襟车口、濮镇，北襟烂溪、金牛、白马诸塘水，东流迳皂林二十五里至正家桥入秀水界。经陡门镇、莫家泾、三塔湾转西丽桥，绕城西南而北，至北丽桥，出杉青闸、泾桥汛，达王江泾，计程六十里入吴江县界，此运河之干流。郡城即以运河为濠，其自通越门外（即西门），由西丽桥循城北流过小西门外，至城西北隅，与栅堰桥西来之水会。循城东流出北丽桥，过望吴门外（即北门）迤转秀成桥与宣公桥南来水会。又河水于西丽桥外稍迤南通鸳鸯湖。湖水引尾流稍北，出娱老桥，抵澄海门（即南门）。又循城东流入濠股河（入嘉兴境）。过滮湖口，在春波门外（即东门）迤转，出宣公桥，循城北流于柴场湾上下，迎北来水，经秀成桥在城东北隅，与北丽桥西来之运河接。迤东北出端平桥，转而北出杉青闸。此运河抱城之水势。又自运河入通越小西门，由滮湖入澄海门者，出望吴、春波二门，俱东趋于会龙桥。此又分灌城河之大略也。

长水塘源于海宁之上塘河，溢而为下河，北抵石门，东流至峡石镇。由峡石而东为海盐，北为嘉兴、桐乡。界石门者，系八里亭之运漕河，南与运河水会。界桐乡者，分长水之一角，灌于车溪、屠镇，乱运河以归烂溪。界海盐者，由长湖、上谷、鸬鹚湖，与秦溪水会，一入横塘，一绕邑城入陶泾塘（即界泾），注当湖。界嘉兴者，名曰长水塘。东北流至王店镇王马塘桥分为二支，正流出大王马塘桥，经秀水桥入鸳鸯湖。又西流入通越门，北流入澄海门。又北经宣公桥、秀成桥，循城而北入相家湖。又自熙春桥东行经角里街至凤凰洲，中分会龙桥以东之水，南至汉塘，北至魏塘。支流出小王马塘桥，西北流入秀水之姚家荡，进五龙桥与运河水会，此长水塘之原委也。

海盐塘源于海盐西南境潋浦诸山，及上谷、秦溪、招宝、乌坵等水汇流，经歓城东下为横塘，入嘉兴境，至滮湖与鸳鸯湖水合。又乌坵塘与天仙河水，南合胥桥，东合陶泾，以入汉塘，此海盐塘之原委也。其天目派自湖州来者，一由德清、新市东流入石门千青高桥、马鸣塘桥，分注左十八泾而归运河，一由乌程县乌镇烂溪水入秀水之新城镇，一由归安县含山塘入石门之五河泾，均归运河，以上各水皆郡之来源。

至于汉塘，东至平湖县境五十余里为市西河，受陶泾水（即界泾）东经县治入当湖。又东三十里，或由广陈出朱泾，或由新仓出姚家廊下，或由洁芳桥、吕公桥出溪塘、新埭至龙头，均归东泖。又由普济桥东出金丝娘桥至金山；又自城西出孟家桥至嘉善。又自东湖出东塔桥，合陶泾水东流，入乍浦独山，统归泖湖，由黄浦以入海。

魏塘，一名华亭塘。东北行三十里至嘉善境。南合白水、大云诸塘水，又东二十四里，或由张泾镇出九曲港，或折北而东由枫泾镇出白牛塘归泖，又南合伍子塘自嘉兴来水，西合东郭湖塘自秀邑来水，穿县城阛阓中，纵横交错，分而北趋，下注于汾湖、黄荡、马荡、崇福荡，均归长泖，由黄浦以入海。他若桐乡之车溪、金牛塘、白马塘、白旗漾汇流至青镇分水墩，一西出太师桥归太湖，一北出烂溪达平望。以上各水皆郡之去路。

　　总之，嘉郡水利，仅海盐塘之秦溪、白洋河、乌坵、招宝塘，水源于县境东南诸山，而郡之源远流长亦不系此。其余俱来自杭郡，平衍萦纡，无澎湃奔腾之势。且运河水有下游之吴江可泄，长水塘及海盐塘分注于汉、魏二塘，天目派之，由石门、秀水者，均归运河。平湖系专泄海盐兼通嘉兴水道者也，嘉善系统泄嘉兴、海盐、秀水、平湖水道者也，均由泖湖归黄浦。潦之为患，宜于湖郡有差。然久雨霪霖，上游盛涨，滔滔而来，以此为壑计，郡水之由秀水出平望者十之四，由善、平二邑归泖湖者十之六。今淞、娄二江淤塞不通，在江省尚难宣泄，故秀邑之水无所归输，黄浦之流甚畅，似于善、平出泖为宜。然淞、娄二江浅狭不能受水，苏、松积潦并太湖洪流，泛滥而横趋，淀、泖惟黄浦是争，故浙西水口先为江境所占。黄浦虽深通，岂胜两省下游同时并纳，将彼此抵触，不克畅流，为害一耳。在平湖，地阜且非水道之冲，尚无大患。嘉善地本低洼，又为众水所注，宜其为巨浸矣。秀邑之水不能泻，而石门、桐乡亦灾。善邑之水不能泻，而嘉兴、海盐亦灾。即一郡论之，则以吴江与三泖为归墟。合全局论之，则以淞、娄、黄浦为归墟，莫若浚通淞、娄，使太湖与苏松水归故道，则运河可以顺轨。而黄浦惟承淀泖之水以归海，则善、平二邑出泖，益无阻塞之虞。治则均利，是与江省相为表里者也。若嘉属秀水之东北境，嘉善之四境，塘塍低挫单弱者，宜分别官民，一律修筑。平湖之新埭、新仓，嘉善之枫泾、张泾一带为泖口要隘，有间段浅窄者，宜相度高下，以深广之，并撤除坝堰、鱼籪，俾水势急溜，以刷浑潮之积淤，斯涝可以防。海盐之水东南地势最高，水易就下，如永安湖、澉城濠、白洋河之淤淀者，宜挑复之。各邑浜港之涩流者，宜劝农民以时疏掘，为潴蓄计，斯旱可以备。是又嘉郡之当自为谋者也，勤民者可不加轸念与。

〔注〕此文辑自《浙西水利备考》卷九，并收录于《嘉兴市水利志》。

王凤生（1776—1834），字竹巧，安徽婺源人。清嘉庆十年（1805），入赀为浙江通判。道光元年（1821），王凤生以嘉兴通判任嘉兴府知府。道光二年（1822），浙西发生大洪灾，"接壤连畦，皆成巨浸，实未之前闻"，嘉兴"苦雨告潦"。是年冬，王凤生奉巡抚帅承瀛檄查勘杭嘉湖三郡十八州县水利，躬身履勘，俱绘图立说，写成《浙西水利备考》，制定了详细的水患治理方案，其中《嘉兴府水道总说》详细描述了嘉兴运河水系状况。

嘉禾遗韵

251

《海宁石塘图说》

鱼鳞大石塘工程图解小百科

〔清〕李辅耀

《海宁石塘图说》，又名《海宁念汛大口门二限三限石塘图说》，是一部别出心裁的海塘专著。它参照"国家标准"（官制），又根据当时当地环境和条件，以"图说"的形式，犹如"连环画"似的对鱼鳞大石塘施工流程作了细化而形象的描述。清光绪三年（1877），杭州府所属海宁念里亭汛大口门二限（即二期）石塘工程兴建，工程以鱼鳞大石塘的标准施工，并在修建中首次采用机械钻条石眼，以安装铁榫。到光绪七年（1881）冬，督办海宁念汛大口门石塘的李辅耀集浙江巡抚奏修海宁念汛大口门二限、三限石塘疏4份，由袁霓笙绘制鱼鳞石塘施工图34幅，每幅均有说明，辑成《海宁念汛大口门二限三限石塘图说》（即《海宁石塘图说》）一书，由武林（杭州）任有容斋刊刻。可能也是为了让文化水平

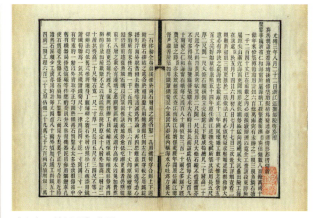

《海宁石塘图说》书影

《机器钻箫笋眼图》

一般的石塘施工人员能一目了然，对照施工，这部鱼鳞大石塘施工流程详解图明白易懂。虽然只是薄薄的一本，却描绘工整，刊刻细腻，人物刻画生动，器物写实准确，字画刻印清晰，文字叙述简明，像"梅花桩""箫榫眼"（横者为箫，竖者为榫）的取名还很有诗意，是一部精美难得的鱼鳞大石塘工程图解小百科，堪称稀世之作，创前志所未有。

《海宁石塘图说》一书所展示的鱼鳞大石塘工程，其重要环节包括：选料、开槽、打桩、搭桩架、车水、别桩、揉桩、夯桩、填嵌桩花、錾凿条石、发灰打油灰、机器钻箫榫眼、安砌条石、筑附土、填沟槽、筑行路、筑土堰等作法制度；重要工艺包括：梅花桩、马牙桩、顺石、丁石、铁箫榫、铁锭锔等塘工技术；不同工种包括：土夫、木工、桩架夫、拾搬夫、泥工、石匠等。工程中还首次采用了整套的西方初器设备，这是近代才有的工程技术，在技术和劳力上的分工显然也是必须的。

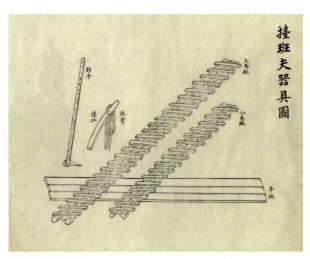

《抬班夫器具图》

《嘉兴水利考》

嘉兴水利概述

〔清〕金蓉镜

　　嘉兴之水，沿运河来者，出自天目；沿上塘河来者，出自武林诸山，由硖石而注南湖，又东则出于海盐诸山，由永安湖而注南湖。凡三派而天目之水为大。出口亦有三道，由汉塘东行至平湖入泖，由魏塘东北行嘉善亦入泖，共趋黄浦入海；由杉青闸至王江泾者合吴江诸水汇太湖，此源委大概也。平迤演漾有诸湖荡为停蓄，如南湖、汾湖、闻湖、相家荡、千亩荡、连四荡等潴于北乡为多，其利在宣泄，而害在阻遏。历代言水利者不外堤圩疏导两法，范文正公主疏导，郏亶主堤堰，乾道六年进奏院李结主作堰，使高堤成，水不为患。淳熙二年御史傅淇禁围田湮塞水道，周文英则谓钱氏未纳土时，有营田军撩浅夫，主开刘家港泄水。明夏原吉主濬吴淞、刘家、白茅三港，并置石闸司启闭，则道水与节宣并行。正统中，巡抚牟俸主导太湖入江海，禁豪家夺淤滩栽苘。隆庆中，巡抚谷中虚则谓浙江与苏松之水皆出天目，本自联络，巡盐御史兼理苏松水利而不及浙江，浙江水利佥事能行于浙江而不能行于直隶，非专官督理难责成功。士绅之议者曹溶、王庭患河道淤塞，地方有司如李见龙、何镃所说意亦相同，此治水大概也。今则疏导尤急于堤圩，自宣统初，杭沪铁路成，嘉兴境内南自王店，北至枫泾七十里间，凡旧河支港经公司填塞者四十余处，其所建桥梁、涵洞皆较河形束小迫狭，梗逆水流。于是，年年水旱虫灾相缠而不绝。一再请求省部改宽桥梁座、涵洞，仅增枫泾屠家村桥座一处，涵洞十九，尚未尽行，其水流宣泄不畅如故，庚申岁大水，九月十三日测得平湖水退四尺一寸，已复常水位，潮之往来亦复常状。嘉善仅退二尺四寸，未到常水位约一尺十寸，而潮来至今尚未能使东流之水一刻停止，其故平湖之水直由大河下黄浦，嘉善之水道既小为西来湖水澎汹之壮流所遏，致嘉善之水不能直下，嘉兴之水仅退一尺五寸，未到常水位约二尺余，故灾尤重，再就予所目验言之，从前淫雨一月，水退极速，不至成灾，今则一雨三日便拍岸盈堤，一月不能消尽灾象，由此绵延积年，所损何止千万计，而农民大致匮乏失业，铁路之梗塞，水流其害如此，又考吴淞自《庚子条约》束水行轮后，黄浦水量抬高，不得下驶，白茅、刘河、蕴藻浜淤浅，太湖入海不畅。近且苏州置湖田局卖太湖淤滩，为害极巨，亦阻水，致灾之远因也。综论宣泄之方，首划铁路桥梁使宽，填塞者重开涵洞多所，庶几补救于万一。速停湖田局，疏浚白茅、刘河、蕴藻三口，不独嘉兴利而苏松常亦利。若不然不及十年，嘉兴有三尽四空之叹矣。凡所谓利者非能益之，但勿损之而已。孟子谓，禹之行水，行所无事是也，是为大利，若夫南江未断，海塘未筑以前，江水贯太湖，出吴县南至石门、仁和一带，西南折而入海，所谓浙江亦即枚乘所谓曲江，非古之浙江，或云东坝未筑，以前水尚南行，桑郦皆不能确言之，兹姑不具论。

〔注〕此文辑自民国十七年《太湖流域水利季刊》，并收录于《嘉兴市水利志》。

金蓉镜（1855—1929），又名金殿丞、金伯子，字学范，号殿臣，又作甸丞，晚号香严居士，浙江秀水（今嘉兴）人。清光绪十五年（1889）进士。历官湖南郴州、靖州直隶州知州、永州府知县等。诗文皆渊雅。

《嘉兴之水利》

嘉兴河道论述

〔民国〕沈宝璋

嘉兴县境，东界平湖，东南界海盐，西南界海宁，西界桐乡，西北界吴兴，北界吴江，东北界嘉善。地势西南略高，东北较低。境内河流以运河为最大，其他主要水道，亦畅达四境。试分述之。

一曰运河，自桐乡西来至三塔湾，绕西北郭，为城濠河之一部。北流至王江泾，入吴江县界。

一曰长水塘，自海宁硖石东北流，历王店镇经秀水桥，入南湖。

一曰海盐塘，自海盐北流，达南湖。

一曰汉塘，自南湖经东塔寺东流，出会龙桥经新丰镇，而达平湖。

一曰魏塘，自会龙桥与汉塘分，而东北流，以达嘉善，为华亭塘入泖。

以上诸道，为嘉兴水道之荦荦大者。其他港汊分歧，脉络贯注。固无往勿届，志称浙西众水，发源天目，上承杭湖两郡之委，下达吴淞之江，黄歇之浦。以嘉兴言，则桐乡长水海盐诸塘，其来源也。城北运河及汉塘、魏塘诸水，其去委也。其间以城东之南湖，及城北诸荡为其停泓涵蓄之处。惟其脉络通畅，河港条贯，四乡交通，固极臻便利。然境域之内，实无旱潦蓄洩之可能。念三年夏，两月不雨，而南乡之田禾，无水可汲，均枯槁以死矣。其下游则吴淞不畅，淀泖淤塞，去委之受病已深。适遇久雨淫霖，上游盛涨，滔滔而来，即以此为壑。而潦灾又不可免，是则嘉兴之水，其为利于民，亦仅矣。呜呼此皆人事不修之果也。今闻政府轸念所念，天目山之蓄水谷坊，已在计划之中。而吴淞泖淀浚渫之方，亦不久可见实施，庶几遇旱，可以开谷坊之，迎泖浦之潮，遇潦可以闭谷坊以阻其源，畅东流以室其泄。嘉兴之民，必得蒙其利矣。一面尤宜广劝农民，乘农隙之际，多挖河泥，培高堤岸，并由政府技术人员加以指导。浚深即以防旱，培高即以防潦。斯一举两得之道也。

抑尤有不得已淤言者。嘉兴城内河道，虽无关水利，然城区居民数万饮料洗涤，均取给于是。排泄物燃料之运输船只，亦赖是出入。今则淤浅污臭，形同秽壑，其影响于居民卫生，至深且巨。改进之方，至少须注意下列数端。（一）人民之倾倒垃圾秽物以河道为尾闾者，必须严加处罚。（二）多开自流井以解决饮料问题。嘉兴地层，掘至三百余尺，即得极佳水质。张家弄底之自流井，其一例也。需费不多，而成效极大。（三）水浅之际堵闭水城关，将城外水继续抽汲入城，使河渠充盈，以供洗涤，数天放换一次。廿三年夏已有行之者矣。惟当时规模极小，故效果殊少耳。（四）城内浚河因雨旁石岸之故，不宜太深，恐石岸有倾圮之虞也。

总之言嘉兴水利，当以农田灌溉为第一义，河道交通为第二义，饮料卫生为第三义。乡党不乏贤者，共起图筹，所馨祷也。

〔注〕辑自民国《嘉区一瞥》上，并收录于《嘉兴市水利志》。

二

水语遗风

　　嘉兴的非物质文化遗产是嘉兴历史文化遗产的重
要组成部分，是嘉兴历史文化之根，也是嘉兴历史的
见证和文化的重要载体，它使得生活在现代的我们与
历史文化血脉相连。这是嘉兴的光荣和骄傲，也是嘉
兴悠久历史和文化传承的体现，它蕴含着祖祖辈辈生
活在这块土地上的人们特有的精神价值和思维方式，
体现了作为江南文化之源的这块土地上的人们的顽强
生命力、丰富想象力和独特创造力。

潮神祭祀

钱塘江潮神的传统信俗

潮神祭祀是流传于浙江省海宁市境内祭祀钱塘江潮神的传统信俗活动。

潮神是由于钱塘之潮而生的祈福避灾的神，享潮神名号者众多，以春秋时吴国大夫伍子胥为著。

潮神祭祀，源远流长。南宋程珌（1164—1242）《洺水集》中《盐官祷海》一文，是目前已知关于海宁祭祀潮神的最早文字记载。自宋朝至民国，钱塘江海宁段海塘屡毁屡建，因此历朝历代政府都非常重视潮神祭祀活动。清光绪《重刊嘉靖海宁县志》中，收录了元、明时期海宁潮神祭祀的多篇祭

潮神祭祀

文。《民国海宁州志稿》(1922)记载：清雍正七年八月二十三日下诏"发内帑十万两于海宁县地方敕建海神之庙"祭祀潮神，并由太常寺颁定祭祀仪制，是潮神祭祀仪式的最高峰。时至今日，几经修缮的海宁海神庙内依旧供奉着21位潮神。民国中后期，官方祭祀潮神中断。1994年，海宁市人民政府已组织恢复了每年农历八月十八日在盐官海神庙(为第五批全国重点文物保护单位)举行的潮神祭祀仪式，延续至今。

祭祀仪式包括官方祭典和民间祭祀两种，官方祭典分为小祭、中祭和大祭，而民间祭祀则根据潮神生卒期、遭遇灾年或船民、渔民、塘工有事时进行，仪式相对简单。此外，根据仪式场所，也可以分为家祭、塘祭、庙祭等。家祭是过年过节，在家中设祭；塘祭是在海塘边设祭，祈求潮神保佑，化凶为吉；庙祭是在供奉20多个潮神的庙内进行的祭祀，每神都有自己的祭祀仪式。

该项目属集体传承，船工、塘工、渔民是传承主要群体。海宁潮神祭祀寄托着民众祈福纳祥的美好愿望，在钱塘潮神信俗中具有典型性、代表性，传统仪式存续完好，有着重要的历史学、民俗学、社会学价值，同时，对于增强社区凝聚力，加强跨地域文化交流，亦有重要的现实意义。

2006年，潮神祭祀被列入嘉兴市级非遗名录。2012年，潮神祭祀入选第四批浙江省非物质文化遗产名录。2014年11月，潮神祭祀经由中华人民共和国国务院批准，列入第四批国家级非物质文化遗产名录。

嘉禾遗韵

钱江观潮

流传千年的传统观潮节

钱江观潮，嘉兴海宁市民俗，浙江省省级非物质文化遗产之一。

钱江观潮源于汉魏，继于南北朝，唐已盛行，宋为高峰，历经2000余年，已成为当地的习俗。海宁观潮习俗，是以农历八月十八观潮节为核心，包括民间文学、传统音乐、传统舞蹈、传统商贸习俗、

盐官一线潮

盐官一线潮

传统技艺、相关方言俗语、民间信仰、民俗活动、在海宁潮影响下的传统知识和实践等多项内容，具有特定时空范畴的空间文化。

唐宋时期，观潮地址本在杭州凤凰山浙江亭一带，清乾隆四十二年（1777），钱塘江由中小门改道北大门，海宁盐官便成了观潮的胜地，故钱江潮亦称海宁潮。四十三年（1778）至今，南岸观潮多在萧山南阳和拦海大堤一线，北岸观潮多在海宁盐官。

海宁观潮，一是在盐官观赏"一线潮"和"卷云拥雪潮"，潮高一般3—5米，最大高度可达8米以上，最大时速每秒9.6米。二是在盐官以东8千米的八堡观看"碰头潮""冲天潮""喷雪潮"。三是在盐官以西11千米的老盐仓欣赏回头潮，亦称返头潮。这三区潮水，由东往西出现，若驱车与潮赛跑，则可把三处佳景依次观赏，大饱眼福。多年来，海宁潮均被国家作为国际旅游重点项目推向世界。

世界一绝的海宁潮，千百年来无数文人墨客为之倾倒。李白、白居易、苏东坡等历代名人墨客在一睹奇观后留下千余首咏潮诗词。清代乾隆皇帝下江南曾四次到盐官观赏海宁潮，赋诗十余首。孙中山、毛泽东等一代伟人也曾来海宁观潮并留了诗文。浩瀚的海宁潮撞击了许多文人墨客的灵感，留下了一笔丰富的"潮文化"资料，凝成了一部特殊的历史教材。

作为非物质文化属性的海宁潮习俗，是海宁整体潮文化的一部分，历史源远流长，内容涵盖广泛，是当地人民群体心理特征及其传承的突出表现。

塘工号子

民间音乐『活化石』

塘工号子是海盐人民在修筑海塘过程中传唱的劳动号子，主要分布在海盐县沿海一带秦山街道、武原街道、西塘桥街道。海盐临海，为了防御海潮侵袭，保护生命财产安全，人们一次次地筑圩修塘，从原始的土塘逐步过渡到柴塘、土石塘、石塘、桩基石，到近代则改为浆砌石塘、水泥塘、钢筋混凝土塘。在修筑海塘时，当地百姓用集体创作的劳动号子来协调劳作、鼓舞士气，这就是塘工号子。塘工号子种类繁多，不同工种有不同的号子，如撬石号子、扛石号子、打桩号子等。塘工号子旋律变化多样，气势澎湃壮阔，风格豪爽粗犷。号词随兴编唱，语言质朴风趣。唱号子时，一人领唱，众人附和，修筑海塘时塘工边夯边唱。号子声此起彼伏，响彻云霄，场景颇为壮观。

在历代修筑海塘的劳动中，塘工号子也不断传承、发展。2007年6月，被列入第二批浙江省非物质文化遗产名录。

网船会

国内唯一的水上庙会

网船会，又称江南网船会、刘王庙会、莲泗荡水上庙会。每年清明节和中秋节，江、浙、沪及嘉兴本地渔民、船民和农民，驾船会聚于王江泾镇东莲泗荡，进行祭祀、会亲、娱乐、交易等活动，是有江南特色的水上庙会和渔民狂欢节。江南一带水上庙会有多处，但影响辐射远及周边数十里乃至数

《水上一绝》 束建鸣摄

刘王祭

网船会（原载清代《点石斋画报》

百里的庙会，只有王江泾镇的刘王庙会。

刘王庙会会址莲泗荡原名连四荡，得名于四个湖荡连在一起，莲泗荡与大运河相通，有东西南北四个出入口，分别通往嘉兴、嘉善、苏州和上海，湖水域面积广大，这些自然条件为刘王庙会的举行提供了优越的条件。

刘王庙会历代以来都是王江泾一带的水上盛会，历史上清明时节祭祀仪式最为盛大。江南及沿海各地的轮船、烧香船、丝网船、渔船都从四面八方汇集于莲泗荡和铁店港，共同祭祀刘王，祈求风调雨顺，场面极为壮观。清光绪《点石斋画报》有一幅直接反映刘王庙会的图画，画中的说明文字云：远近赴会者扁舟巨舰不下四五千艘，长虹桥自庙前十余里内排泊如鳞。有资料记载，民国三十六年（1947）庙会，"十八万三千之多的猪头献上神座"，"高高竖着桅杆的大船约八百余艘，轮船二十四艘，其他汉口船三艘，青岛和香港来船各一艘，其余小网船和民船更不知凡几"。

大规模的庙会活动直至 1958 年才停止，但仍有民间小规模的祭祀活动。20 世纪 70 年代末，民间香火又重新兴起，1979 年有五万多人参与，1986 年增至十余万人。村民在庙原址建造新殿，名为"刘承忠纪念馆"，江苏、上海、浙江等地的船民年年会聚于莲泗荡，船队从莲泗荡直到长虹桥东，长达 5 千米。每次集会活动有四五天，人数有数万之多。活动均为 98 个民间社团自发组织，这些社团大多来自嘉兴、苏州和江南其他地区，据说有些社团已经有 800 年历史。刘王庙会除祭祀外，还能看到民间自带道具自发组织的各类表演，比较特别的是"扎肉提香"，表演者用铜钩扎于手臂皮肉，吊起香炉行走。其他表演项目有高跷、调龙、舞狮、花鼓、莲香、秧歌等。

2007 年 6 月，网船会被列入浙江省第二批非物质文化遗产目录。2009 年，秀洲区王江泾镇政府举办第一届"江南网船会——流淌着的运河民俗"文化节，刘王庙会从此定名为江南网船会，在每年清明节期间举办。同年，网船会被列入浙江省"非遗"保护基地。2011 年 5 月，网船会被列入第三批国家级非物质文化遗产目录。

扎肉提香

嘉禾遗韵

乌镇水阁建筑艺术

面水而居　枕水而眠

吴哥四起木兰舻，水阁齐开蛎壳窗。
试唱望江南一曲，澄江北去即吴江。

〔清〕陆世垛

乌镇水阁建筑艺术

乌镇水阁建筑艺术

　　在水乡乌镇，人们创造了与自然和谐相处的亲水空间——水阁。平行的街路与河道之间，往往是连片延伸的民居，正面朝街，背后枕河。其临河的后屋大多向水面延伸空间，一半脚踏实地，另一半则以石梁或木梁架搁在扎根河床的石柱或木柱之上，于是构成轻巧空透的水上楼阁，就是水阁。

　　水阁之下，是静静流淌的河水。水阁之上开启木门窗，采光、通风、晾衣、汲水、乘凉都十分方便。在没有玻璃的年代，窗户要是全用木板覆盖着，就无法采光，于是人们发明了"蛎壳窗"。那是用较大的海蛎壳或河蚌壳，打磨成比较平整而规则的薄片，平铺镶嵌在木窗的条格上。"蛎壳窗"上的蛎壳片，半透明，有隐纹，在阳光下还呈现珍珠般的光泽。

乌镇水阁建筑艺术

据说宋代之前的建筑都是"纸糊窗"，到了明代，江南地区才出现"蛎壳窗"，既防火、防水，还耐用、美观，实在是生活的艺术。

水阁三面有窗，凭窗眺望，水上风光一览无遗。每当夜色降临，河边万家灯火，水面波光粼粼，小桥、流水、人家，桨声灯影宛如天上人间。乌镇的水上交易也与水阁紧密关联，旧时，四乡八邻的农民摇船出市，临河的居民只要吆喝一声，船就会摇到水阁边，不出门也可以买到生活用品。

文学巨匠茅盾对家乡的水阁情有独钟，他在

《大地山河》一文中写下了一段乡情浓郁的文字：
"住在西北高原的人们，不能想象江南太湖区域所
谓'水乡'的居民的生活……人家的后门外就是河，
站在后门口（那就是水阁的门）可以用吊桶打水，
午夜梦回，可以听得橹声欸乃，飘然而过……"

　　凭着独特的设计理念和建筑技艺，"乌镇水
阁"于2007年6月被列入浙江省第二批非物质文
化遗产目录。

参
考
文
献

1.《浙江通志》编纂委员会编:《浙江通志·水利志》,浙江人民出版社,2020 年。

2.《浙江通志》编纂委员会编:《浙江通志·运河专志》,浙江人民出版社,2021 年。

3.《浙江通志》编纂委员会编:《浙江通志·海塘专志》,浙江人民出版社,2021 年。

4. 浙江省水利志编纂委员会编:《浙江省水利志》,中华书局,1998 年。

5. 浙江省地方志编纂委员会编:《浙江通志》,中华书局,2001 年。

6. 钱塘江志编纂委员会编:《钱塘江志》,方志出版社,1998 年。

7. 浙江省文物局主编:《浙江省第三次全国文物普查新发现丛书·水利设施》,浙江古籍出版社,2012 年。

8. 浙江省文物局主编:《浙江省第三次全国文物普查新发现丛书·大运河遗产(上)》,浙江古籍出版社,2012 年。

9. 浙江省文物局主编:《浙江省第三次全国文物普查新发现丛书·大运河遗产(下)》,浙江古籍出版社,2012 年。

10. 浙江省文物局主编:《浙江省第三次全国文物普查新发现丛书·桥梁》,浙江古籍出版社,2012 年。

11.《嘉兴市水利志》编纂委员会编:《嘉兴市水利志》,中华书局,2008 年。

12.《嘉兴市志》编纂委员会编:《嘉兴市志》,中国书籍出版社,1997 年。

13. 嘉兴市地方志编纂委员会编:《嘉兴市志》,商务印书馆,2021 年。

14. 全国政协文史和学习委员会、政协浙江省嘉兴市委员会编:《运河名城嘉兴》,中国文史出版社,2015 年。

15. 嘉兴市政协学习和文史资料委员会编:《嘉禾文史掇英》,中国文史出版社,2014 年。

16. 嘉兴市政协文化文史和学习委员会编,吴齐正著:《嘉兴亭台楼阁》,西泠印社出版社,2020 年。

17. 嘉兴市政协文化文史和学习委员会编,吴齐正著:《嘉兴塔韵》,吴越电子音像出版有限公司,2018 年。

18.《嘉兴市南湖区志》编纂委员会编:《嘉兴市南湖区志》,方志出版社,2020 年。

19.《海盐县水利志》编纂委员会编:《海盐县水利志》,浙江人民出版社,2008 年。

20.《海宁市水利志》编纂委员会编:《海宁市水利志》,方志出版社,1998 年。

21.《嘉善县水利志》编纂委员会编:《嘉善县水利志》,浙江人民出版社,2013 年。

22. 桐乡市地方志编纂委员会编:《桐乡市志》,中华书局,2018 年。

23. 〔明〕陈善:《万历杭州府志》,台北成文出版社,1983 年。

24. 〔明〕刘应钶修,〔明〕沈尧中纂,嘉兴地方志办公室编校:《万历嘉兴府志》,上海古籍出版社,2013 年。

25. 〔明〕柳琰纂修:《弘治嘉兴府志》,齐鲁书社,1996 年。

26. 〔明〕赵文华撰:《嘉兴府图记》,台北成文出版社,1983 年。

27. 〔清〕许瑶光修,〔清〕吴仰贤等纂,嘉兴地方志编纂室编校:《光绪嘉兴府志》,上海古籍出版社,2020 年。

28. 〔清〕吴永芳修,〔清〕钱以垲纂:《康熙嘉兴府志》,台北成文出版社,1983 年。

29. 〔清〕伊汤安修,〔清〕冯应榴纂:《嘉庆嘉兴府志》,台北成文出版社,

1983 年。

30.〔清〕王凤生纂修:《浙西水利备考》,台北成文出版社,1983 年。

31.〔清〕司能任修,屠本仁纂:《嘉庆嘉兴县志》,海南出版社,2000 年。

32.〔清〕李卫等修,傅王露等撰:《雍正浙江通志》,清光绪刻本。

33.〔清〕杨鏷:《海塘揽要》,清嘉庆刻本。

34.〔清〕翟均廉:《海塘录》,台北成文出版社,1984 年。

35.〔清〕方观承:《两浙海塘通志》,浙江古籍出版社,2012 年。

36.〔民国〕幼甫修,陆志鸿等纂:《嘉兴新志》,台北成文出版社,1971 年。

后
记

  时节如流，嘉兴市历时两年多，对境内水文化遗产进行全面调查后，形成了全市水文化遗产调查成果。本市共有水文化遗产549项。从类别来看，有水利工程遗产201项，相关物质类遗产226项（其中不可移动类191项，可移动类35项），非物质遗产和文史资料122项。而后，以此为基础选优选精，在众多遗产点中整理出最具嘉禾江南水乡特色的内容，形成《浙水遗韵·水印嘉兴》这本嘉兴市水文化遗产调查的集萃。

  本书以诗为引，以画为媒，分块分点，娓娓道来，讲述人物治水的智慧，描绘江南水韵辅以碑刻印记，从千年以前就在嘉禾大地上蜿蜒流淌的水脉印记里拾遗，披沙拣金，拣出文化长河中最经典的部分，梳理编撰，将其化为一个个黑色的方块字，最终呈现在各位读者面前。

  本书编撰过程中，着重展现三样事。一是独属于"水利"的文化内涵。《浙水遗韵》丛书作为全国水利系统的第一套水文化系列丛书，意义不可谓不重大。其中很多遗产点不仅与水利有关，同时也与农业、航运、交通文化有关联，我们在调查整编过程中，着重挖掘其有别于其他文化的水利内涵，依托人的水事活动留下的痕迹，形成清晰的社会发展轴，认真梳理表现水利在历史的兴衰更替中发挥的作用。二是独属于江南的"水乡"特色。嘉兴东临大海，南倚钱塘江，北负太湖，西接天目之水，处于江、海、湖、河交会之位，是典型的平原水乡，平原人工河道是嘉兴最具特色的水文化体现。本书以河道水系变迁历程为主线，串联起丰富的物质遗产，以人文环境、商贸条件的转变为引线，挖掘非物质遗产所承载的文化内涵，充分展示出嘉兴的悠久文明和水乡特色。三是独属于嘉兴的"红色"印记。抓住嘉兴南湖这一具有红色特征的地标，以水利工程为重点，寻找嘉兴作为红船起航地特有的红色印记，讲好体现军民鱼水情的历史故事，凝练水利红色基因，凸显出不同于其他地区的特征、价值和意义，书写水文化的"嘉兴精彩"。

另外，我们聚焦遗产点的文化属性，对古镇体系、圩田体系中产生的水文化遗产的形成经过、历史背景、人文底蕴深入挖掘；聚焦漕运文化、红色文化，对属于同一文化体系的遗产点进行归纳整理；聚焦平原水乡这个鲜明的地域特征，以"鱼米之乡"的形成为切入口，从沿海海塘的建设、平原人工河道的开挖对社会发展产生的影响进行研究提炼，融合体现出嘉兴市的水文化特点。

《浙水遗韵·水印嘉兴》的编纂出版离不开浙江省水利厅的精心指导和各地各部门的大力支持，是全体嘉兴水利人凝心聚力劳动的结晶，也是各有关单位精诚合作的成果。在此谨向所有为嘉兴水文化遗产调查及本书编纂工作付出辛勤劳动的同志表示衷心的感谢！特别感谢浙江水利水电学院经济与管理学院参与本次调查和书籍编纂工作的全体成员！特别感谢《嘉兴市水利志》副主编张晓平先生对本书的指导帮助！鉴于本书编辑人员水平有限，书中错漏及不当之处，敬请各界专家学者批评指正。

编者

2022 年 12 月 30 日